Günther Herlitze

Wandern Im Harz

Schmidt BUCH

Titelbild: Oberhalb von Schierke

Die Deutsche Bibliothek - CIP-Einheitsaufnahme
Herlitze, Günther:
Wandern im Harz : 71 Wanderungen durch das nördlichste deutsche Mittelgebirge / Günther Herlitze.
Hrsg. Harzklub e.V. 2. Aufl., 6. - 10 Tsd. - Wernigerode : Schmidt, 1999
1. Aufl. u.d.T.: Herlitze, Stefanie: Wandern im Harz
ISBN 3-928977-76-8

Es fotografierte Thorsten Schmidt

Lektorat: Marion Schmidt
Fachliche Beratung: Dr. Hans Bauer, Hauptkartenwart des Harzklubs e.V.

Burgberg 13; Tel.: (0 39 43) 2 32 46 Fax: 45010
2. Aufl. 1999 6. - 10. Tsd.
Satz, Gestaltung, Kartenbearbeitung:
Schmidt-Buch-Verlag, Wernigerode
Kartografie: Bernhard Spachmüller, Schwabach
Lithographie: Litho-Studio Calbe
Druck und Weiterverarbeitung:
Grafisches Centrum Cuno, Calbe
ISBN 3-928977-76-8

Günther Herlitze

Wandern im Harz

71 Wanderungen durch das nördlichste deutsche Mittelgebirge

Der offizielle Wanderführer des Harzklubs e.V.

Schmidt-Buch-Verlag Wernigerode

Vorwort des Herausgebers

„Es ginge alles besser, wenn man mehr ginge", stellte der Schriftsteller Johann Gottfried Seume, der auch ein begeisterter Wanderer war, schon vor 200 Jahren fest. Mit fast hellseherischer Weitsicht und wohl ohne zu ahnen, wie drängend dieses Problem lange nach seiner Zeit einmal sein würde, forderte er seine Mitmenschen auf, die Natur nicht nur aus dem Wagenfenster zu betrachten.

Wer diesen Wanderführer erworben hat, zählt mit Sicherheit zu den Naturfreunden, die das nördlichste deutsche Mittelgebirge auf Wanderpfaden entdecken möchten, und zwar abseits von Asphaltstraßen und Motorenlärm unserer hochtechnisierten Wohlstandsgesellschaft und folgt damit, ganz im Sinne von Seume, einem Trend, der - unabhängig von sogenannten „Modesportarten" - seit Jahrzehnten zu den beliebtesten Freizeitaktivitäten der Deutschen zählt.

Mit der Grenzöffnung vor 10 Jahren ist das Wandern auch bei uns im Harz wieder zu einem „grenzenlosen" Vergnügen für jung und alt geworden. Ob auf den Spuren von Goethe und Heine oder auf den Wegen von Kaisern und Königen - heutzutage kann man den Harz in seiner Gesamtheit wieder erkunden wie Jahrhunderte zuvor. Natur- und bergbaugeschichtliche Lehrpfade ergänzen das Angebot an gut ausgebauten Rad- und Wanderwegen. Wanderparkplätze, Hütten, Rastplätze und Informationsstellen - die meisten von ihnen wurden und werden wie die 350 Wanderwege von den Harzklub-Zweigvereinen angelegt bzw. aufgestellt und liebevoll gepflegt - machen es auch Familien mit Kindern und älteren Wanderfreunden möglich, die Natur wandernd zu genießen.

Zu den tausenden Harzklub-Mitgliedern, die sich in ihrer Freizeit nicht nur um das eigene Natur- und Wandererlebnis kümmern, sondern auch anderen Menschen die Schönheiten des Harzes näherbringen möchten, gehört auch Günther Herlitze, der Autor des Wanderführers. In seinen Beschreibungen beschränkt er sich jedoch nicht nur auf topografische Gesichtspunkte, sondern vermittelt auch viel Wissenswertes über geologische und botanische Besonderheiten sowie über Zeugnisse der kulturellen und geschichtlichen Entwicklung am Wegesrand. Mit vielen interessanten Hinweisen öffnet er dem Wanderer die Augen für den speziellen Reiz einer Harzwanderung.

Vorwort des Herausgebers

Das Wanderbuch liegt nunmehr in zweiter Auflage vor. In der grundlegend überarbeiteten Fassung sind viele Tips und Hinweise von weiteren erfahrenen Wanderleitern des Harzklubs berücksichtigt worden. Vor allem der Hauptkartenwart Dr. Hans Bauer, begleitete intensiv die redaktionelle Arbeit am Buch und präzisierte die Kartengrundlage für die Ausschnitte zu den einzelnen Wanderungen, so daß der Nutzer mit dem Erwerb des Wanderführers nicht nur über eine informative Broschüre, sondern zugleich über einen vom Harzklub autorisierten Wegeplan verfügt.

In diesem Sinne möchte das Buch Harzbesuchern und Naturfreunden, die unser Mittelgebirge erstmals oder erneut für sich entdecken, ein praktischer Wegweiser und Begleiter sein.

Harzklub e.V

Dr. Michael Ermrich
Hauptvorsitzender

Inhalt

Im Gebiet der sieben Oberharzer Bergstädte

Neben den sieben Oberharzer Bergstädten Bad Grund, St. Andreasberg, Wildemann, Zellerfeld, Lautenthal, Clausthal und Altenau sind in diesem Gebiet die Bergbausiedlungen Hahnenklee, Bockswiese, Schulenberg, Lehrbach, Lonau und Riefensbeek-Kamschlacken sowie der Fuhrmannsort Buntenbock einbezogen. Außer St. Andreasberg liegen alle Orte westlich des Bruchberg-Acker-Höhenzuges (930 bis 860 m) und auf oder zumindest an der Oberharzer Hochebene (600 m). Die Landschaft wird geprägt von 120 Teichen, 600 km Gräben und 30 km Wasserläufen - technische Anlagen, die das Wasserkraftsystem des ehemaligen Bergbaus bildeten und als „Oberharzer Wasserregal" als Kulturdenkmal unter Schutz stehen.
Auf die Spuren des Bergbaus, wie Abraumhalden, Stollenmundlöcher, Verhüttungsplätze, verweisen die sogenannten Dennerttannen, tannenförmige gelbe Hinweisschilder.
Neben dem alten bergbaulichen Wasserkraftsystem machen die neuen Talsperren, die Hochwasserschutz gewähren und der Trinkwasserversorgung dienen, den besonderen Reiz des Oberharzes aus.

Am Kellwasser

Von der Innerstetalsperre nach Lautenthal (1)

Parkplatz Staudamm - Innerstetalsperre - Lindtalsweg - Vereinsplatz - Kalte Birke - Schnapsplatz - Öhrebrunnen - Teufelsberg - Kleiner Bromberg - Kurhaus Lautenthal

17 km • 6 h
1J
1N
1W

Vom Parkplatz Ottersberg unterhalb des Staudamms der Innerstetalsperre hinauf auf den Staudamm; dort auf dem Weg 1J/roter Balken stetig ansteigend zum Vereinsplatz (schöne Ausblicke auf die Talsperre), am Vereinsplatz treffen sich fünf Wege, etwas versteckt liegt eine Schutzhütte (nahe der Schutzhütte schöner Ausblick in Richtung Hahausen); auf dem Weg 1N/roter Balken/blaues Dreieck bis zum Forstort Kalte Birke (Schutzhütte mit Rastplatz); von hier folgt der Weg der Trasse eines alten Rennsteiges bis zum Schnapsplatz; vom Schnapsplatz dem Weg 1W/grünes Dreieck folgen; der Öhrebrunnen liegt einige Meter rechts vom Weg, am Teufelsberg zwei Aussichtspunkte mit Blick auf Innerstetalsperre bzw. Langelsheim; vom Teufelsberg führt der Weg oberhalb des Skiliftes zur Landstraße L516 Seesen - Lautenthal; diese überqueren und links weiter auf dem Weg 1W/grünes Dreieck zum Kurhaus Lautenthal. Von Lautenthal mit dem Bus zurück zum Parkplatz Sperrmauer.
Wer zurückwandern möchte, geht bequem auf dem Wanderweg 3A/blaues Kreuz, der die alte Bahntrasse nutzt, fast parallel zur Innerste (ca. 10 km).

Innerstetalsperre: erbaut 1966, Erddamm mit Bitumendichtung, Campingplatz, Bootsverleih, Wassersport
Lautenthal: vielleicht schon im 13. Jh. Erz abgebaut, 1560 Bergfreiheit (damit Bergstadt), letzte Grube schloß 1957, die Lautenthaler Silberhütte 1968; historisches Silberbergwerk zu besichtigen, heute ist Lautenthal Luftkurort

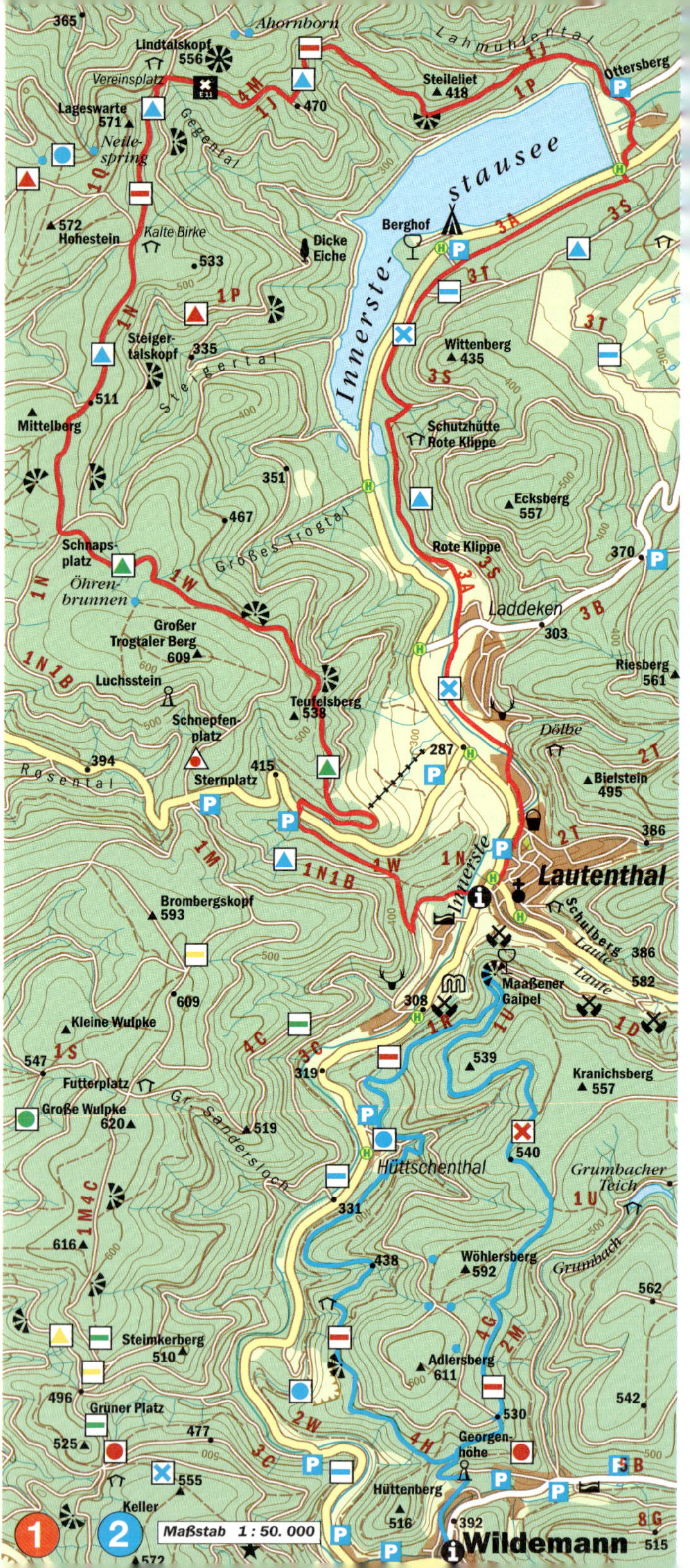

Ahornborn
Lahmühlental
Lindtalskopf 556
Vereinsplatz
Steileliet 418
Ottersberg
Lageswarte 571
Neile-spring
Gegental
Innerste-stausee
Berghof
572 Hohestein
Kalte Birke
533
Dicke Eiche
Steiger-talskopf 335
Steigertal
Wittenberg 435
511
Mittelberg
Schutzhütte Rote Klippe
351
467
Ecksberg 557
Rote Klippe
370
Schnaps-platz
Öhren-brunnen
Großes Trogtal
Laddeken
303
Großer Trogtaler Berg 609
Riesberg 561
Luchsstein
Teufelsberg 538
Schnepfen-platz
Dölbe
394
Rosental
415
Sternplatz
287
Bielstein 495
386
Lautenthal
Innerste
Brombergskopf 593
Schulberg
Laute
386
582
Maaßener Gaipel
308
609
Kleine Wulpke
547
539
Kranichsberg 557
319
Futterplatz
Große Wulpke 620
Gr. Sandersloch
519
540
Hüttschenthal
Grumbacher Teich
331
Grumbach
616
438
Wöhlersberg 592
562
Steimkerberg 510
Adlersberg 611
496
542
Grüner Platz
530
525
477
Georgen-höhe
555
Hüttenberg 516
Keller
392
515
Wildemann
572
Maßstab 1 : 50. 000

Von Wildemann zum Maaßener Gaipel 2

Wildemann (Felbinger Platz) - Hüttenberg - Frankenbergplatz - Kohlhai - Lautenthaler Kunstgraben - Maaßener Gaipel - Himmelsleiter - Sägemühlenweg - Adlersberg - Georgenhöhe - Wildemann

15km • 5 h
4 H
1 U
4 G

Vom Felbingerplatz in Wildemann den Weg zur Straße „Am Hüttenberg" entlang und links halten, hinter dem letzten Haus rechts abbiegen; über den stark ansteigenden Eichhörnchenweg zum Frankenbergplatz hinauf; dort auf ebener Forststraße (4H) bis zum Kohlhai (schöner Ausblick) und weiter 4H folgend bis zum Lautenthaler Kunstgraben; den Grabenweg (4H) weiter, dann Forststraße überqueren und zum Maaßener Gaipel (Gaststätte; herrlicher Blick auf Lautenthal). Etwa 200 m zurück und an der Kurve die „Himmelsleiter" stark ansteigend zum Weg 1U/rotes Kreuz (Aussicht zur Innerstetalsperre); auf ihm nach links zum ebenen Sägemühlenweg (4G/roter Balken) und auf diesem um den Adlersberg; an der Kreuzung unterhalb des Adlersberges nach links steil abwärts zur Försterei am Hüttenberg und zur Georgenhöhe; von dort weiter hinab nach Wildemann.

Frankenbergplatz: benannt nach dem ehemaligen ersten Vorsitzenden des Harzklubs, Herrn v. Frankenberg; an seinem Lieblingsplatz Urne mit seiner Asche beigesetzt
Kohlhai: Kahlschlag für ehem. Kohlenmeiler angelegt, Schutzhütte vorhanden
Lautenthaler Kunstgraben: Der von Bergleuten 1570 angelegte, 8,4 km lange Graben brachte Innerstewasser aus Wildemann auf die Wasserräder des Bergbaus in Lautenthal
Maaßener Gaipel: ehemaliger Schacht, Schachtgebäude heute Waldgaststätte
Georgenhöhe: Aussichtspunkt, Blick auf Wildemann, Name zu Ehren König Georg V. von Hannover, Denkmal

3 Zur Ernst-August-Höhe

Wildemann (Felbinger Platz) - Höhenweg - Rodelbahn - Johannistal - Spiegeltaler Teiche - Zellerfelder Kunstgraben - Wasserläufer Teich - Ernst-August-Höhe - Wildemann

15 km • 5 h
8 G
2 D
7 C

Vom Felbinger Platz in Wildemann zur Innerstestraße und den Zick-Zack-Weg hinauf zum Höhenweg im Spiegeltal; auf diesem zum Kurpark (links) und weiter in das Stuffental bis zur Wassertretstelle; an dieser vorbei und zum Freibad; hier Anstieg zur Rodelbahn (schöner Rückblick) und weiter zum Johannistal (Seitental des Spiegeltales); Abstieg bis zum Waldweg 8G/blaues Kreuz; auf diesem zu den Spiegeltaler Teichen; am Oberen Spiegeltaler Teich steil rechts aufwärts (2D/roter Punkt) zum Zellerfelder Kunstgraben (etwa 500m); am Kunstgraben weiter entlang bis zur Waldschneise; hier links abbiegen (anfangs ansteigend, dann eben) bis zum Wasserläufer Teich (auf dem Weg Blick zur Schalke und zum Bocksberg). Auf der Forststraße 7C nach rechts zum Campingplatz Waldweben und auf dieser weiter bis zum Abzweig zur Ernst-August-Höhe auf dem Badstubenberg; rechts geht es zur Höhe hinauf (Blick in das Innerstetal). Über den schönen, aber steil abwärts führenden Pfad (Blick auf Wildemann) zum Höhenweg und auf dem Zick-Zack-Weg zurück nach Wildemann.

Spiegeltaler Teiche: für Bergbauzwecke angelegt (Wasserreservoir); zum Oberharzer Wasserregal gehörend
Zellerfelder Kunstgraben: Teil des Oberharzer Wasserregals; führte das Aufschlagwasser von der Schalke zum Wasserläufer Teich und zum mittleren bzw. oberen Zechenteich für den Zellerfelder Bergbau
Ernst-August-Höhe: Aussichtspunkt auf dem Badstubenberg, benannt nach Kurfürst Ernst August; Köte (Prinzenlaube) als Wanderhütte vorhanden

Von Bad Grund zum Hübichenstein 4

Parkplatz Iberger Tropfsteinhöhle - Albertturm - Schweinebraten - Spinne - Neue Winterberghöhle - Hübichenstein - Ausgangspunkt

6 km • 2 h
1 M
4 C

Vom Parkplatz Iberger Tropfsteinhöhle an der B 242 ansteigend zur Iberger Tropfsteinhöhle (Besichtigung); von hier den Böschestieg steil aufwärts zum Albertturm (555m) mit Aussicht; Abstecher zu Bismarkklippe und Gletschertöpfen; vom Albertturm auf dem breiten Turmweg zum Iberggipfel (563m) und rechts abwärts auf schmalem Waldweg zum „Schweinebraten" (Köte, Grillplatz, Blick ins Harzvorland); von hier dem roten Punkt folgend zur Spinne (Wegekreuzung), nun links auf Weg 4C/grüner Balken zur Neuen Winterberghöhle; am Parkplatz der B 242 die Straße überqueren und zum Hübichenstein, von diesem rechts parallel zur B 242 zum Ausgangspunkt zurück.

IbergerTropfsteinhöhle: eine von vielen Höhlen im Massenkalk des Ibergs, vor ca. 480 Jahren von Bergleuten entdeckt, seit 1877 zugänglich
Hübichenstein: 40 m hoher Doppelfelsen aus Kalk, Goethe besuchte ihn auf der dritten Harzreise am 12.8.1784 und Melchior Kraus malte ihn (Sage vom Zwergenkönig Hübich)

5 Von Hahnenklee zu den Grumbacher Teichen

Hahnenklee/Stabkirche - Bocksberg - „Auerhahn" - Grumbacher Teiche - Hahnenklee

5 km • 2,5 h
8 D
1 E
5 G

Von der Gustav-Adolf-Kirche in Hahnenklee linkerhand ca. 200 m Richtung „Auerhahn"; auf dem abzweigenden Weg (Rodelbahn) zum Gipfel des Bocksberges hinauf (Aussicht ins Harzvorland); jenseits der Gaststätte auf dem Bocksberg die Straße etwa 500 m entlang bis zur „Alten Harzstraße"; dort scharf rechts (8D/blaues Kreuz) zum „Auerhahn" (Gaststätte); von hier rechts abwärts in Richtung Hahnenklee (1E/roter Punkt); rechts

halten und an der Schneise, die zum Bocksberggipfel führt, links hinab zum Damm des Auerhahnteiches; von hier folgt der Weg einem Wasserwanderweg (Erläuterungstafeln); über den Bach und bis zum Neuen Grumbacher Teich (Trinkwasser!). Auf dem Forstweg vor dem Damm zum Anfang des Oberen Schalker Grabens; an den Ufern des Oberen und des Mittleren Grumbacher Teiches weiter und auf dem Eichhörnchenweg (5G/blaues Kreuz) neben dem Graben nach Hahnenklee zurück.

Bocksberg: 727 m hoher Gipfel mit Gaststätte, Edelsteinmuseum und Sendeanlage, Kabinenseilbahn und Skipisten
Auerhahn: 1675 für den Braunschweiger Herzog Rudolf August errichtetes Jagdhaus; liegt auf der Paßhöhe zwischen Goslar und Clausthal-Zellerfeld; recht früh für Kutscher und Reisende als Wirtschaft eingerichtet, heute Berggasthaus mit Hotel
Nordische Stabkirche: 1908 errichtet, der Stabkirche von Borgund nachgebaut, Gestaltung und Bau (innen ohne Nägel und Schrauben) einzigartig in Deutschland
Grumbacher Teiche: lieferten, wie der Auerhahnteich, das Aufschlagwasser für den Hahnenkleer und Bockswieser Bergbau

Von Hahnenklee nach Goslar 6

Hahnenklee - Bocksberg - „Auerhahn“ - Schalker Turm - Schalker Weg - Herzberger Weg - Goslar

13 km • 4,5 h
8 D
1 F
5 D
1 F

Wie bei Wanderung 5 zum Bocksberg; von dort etwa 500 m die Straße entlang und dann rechts hinab (8D/blaues Kreuz) zum „Auerhahn“; neben der asphaltierten Straße hinauf zum Gipfel der Schalke (1F, 5D/grünes u. rotes Dreieck); vom Schalker Turm (Aussichtsturm, Blick zum Brocken und nach Clausthal-Zellerfeld) auf den Schalker Weg (1F/rotes Dreieck) und am Hang des Großen Schleifsteinberges entlang zur Herzberger Schutzhütte; den mittleren der drei hier abzweigenden Wege benutzen; links um den Herzberg (Blick auf Goslar); zurück zur Herzberger Schutzhütte und weiter abwärts der Markierung 1F/rotes Dreieck folgen bis nach Goslar. Von Goslar mit dem Bus zurück nach Hahnenklee.

> *Auerhahn:* siehe Wanderung 5
> *Schalke (763 m):* einer der schönsten Aussichtspunkte des Harzes

Vom Okerstausee nach Schulenberg 7

Brückenschänke - Okerstausee - Ravensklippen - Talsperrenrundweg - Fahrstraße Oker-Clausthal-Zellerfeld - Oberschulenberg - Mittelschulenberg - Schulenberg - Brückenschänke

12 km • 4 h
7 D
5 M

Von der Brückenschänke, die mit PKW (Parkplatz) oder Bus (Haltestelle Brückenschänke) erreichbar ist, über die Brücke in Richtung Altenau und dahinter rechts auf dem Forstweg entlang bis zu den Ravensklippen (Ausblick); weiter auf dem Talsperrenrundweg bis zur Straße L 517, diese überqueren und auf dem Weg 7D/rotes Kreuz den Hang neben einer Halde aufwärts nach Oberschulenberg, der Weg ist zum größten Teil ein in Fels gehauener Hanggraben mit Bergbaurudimenten (Schacht, Halde) an den Seiten (oberhalb der Häuser Ausbiß einer alten Erzader). Von Oberschulenberg den Weg 7D zurück nach Mittelschulenberg, hier Abstecher links nach Schulenberg (Fernblick zum Brocken und auf den Stausee); Abstieg zum Okerstausee; auf dem Weg 5M zur Brückenschänke zurück.

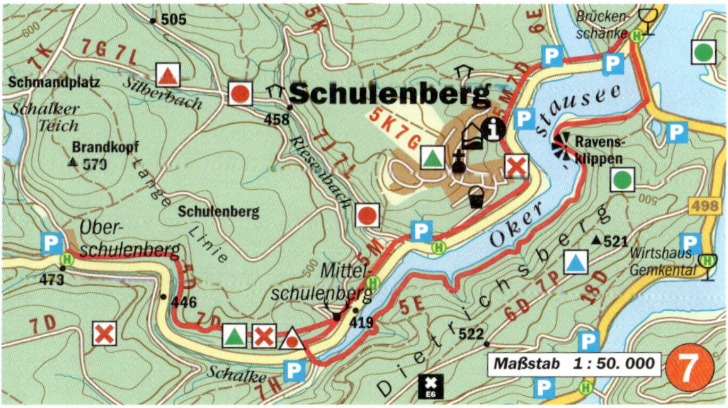

Schulenberg: 1532 erste Gruben eröffnet, bis 1812 Bergbau, alle drei Ortsteile (Ober-, Mittel- und Unterschulenberg) urspr. im Tal der Oker gelegen, Verlegung von Unter- und Mittelschulenberg an den Hang des Gr. Wiesenberges mit der Fertigstellung der Talsperre 1954

Okertalsperre: 1952-54 errichtete Bogengewichtsmauer, imposanteste des Westharzes; Höhe 67 m, Länge 280 m, Fassungsvermögen 47,4 Millionen Kubikmeter; dient dem Hochwasserschutz und der Energiegewinnung; Segeln, Angeln, Surfen sind erlaubt.

8 Vom Huttal zum Polsterberg

Clausthaler Schützenplatz (Parkplatz) - Johann-Friedrich-Teich - Mühlenberg - Nassenwieser Teich - Entensumpf - Huttaler Widerwaage - „Polsterberger Hubhaus“ - Jägersbleeker Teich - Hirschler Teich - Zechenhaus Dorothea - Schützenplatz Clausthal

16 km • 5,5 h
10M
10K
7P
10H
7O

Vom Clausthaler Schützenplatz (südl.) links am Schützenhaus vorüber und hinter den Häusern wieder links halten; über den Wiesenweg bis zur Straße (10M); ca. 500 m Richtung Schwarzenbach (Blick auf das Brockengebiet), dann nach links die asphaltierte Forststraße entlang bis zum Wanderweg 10K (an der B 242); auf ihm weiter über den Damm vom Johann-Friedrich-Teich und über den Mühlenberg zum Nassenwieser Teich; Teichdamm überqueren und auf dem Waldweg zur Forststraße Kehrzug; hier links ab und nach

leichtem Anstieg zum Entensumpf; über den Parkplatz rechts ab zur Huttaler Widerwaage (nach ca. 1km steiler Abstieg), hier wird der Huttaler Graben erreicht. Am Hangweg (sehr schöner Weg mit weitem Ausblick) zur Huttalstraße (7P), hier links abbiegen und zur B 242 aufsteigen; Fahrstraße überqueren und auf der Forststraße (7P) bis zum „Polsterberger Hubhaus“ (Gaststätte, Aussicht). Von dort den Wanderweg 10H zum Jägersbleeker Teich und weiter zum Abzweig 7O; am Hirschler Teich vorbei zum Zechenhaus Dorothea und auf dem Parallelweg zur B242 entlang zu den Häusern, wo der Weg 10K einmündet und der Ausgangspunkt wieder erreicht ist.

Teiche: alle genannten Teiche sind dem Bergbau geschuldet, dienten als Wasserreservoire für das Aufschlagwasser, Bestandteil des Oberharzer Wasserregals
Entensumpf: Innerstenquelle
Huttaler Widerwaage: Anlage zum Ausgleich der Aufschlagwasser in den Gräben beim Überangebot durch Hochwasser, Teil des Oberharzer Wasserregals
Polsterberger Hubhaus: Pumpenstation für Aufschlagwasser des Fortuner Grabens, Teil des Oberharzer Wasserregals
Zechenhaus Dorothea: ehem. Grubengebäude; die Grube Dorothea war die Grube mit der reichsten Silberausbeute des Oberharzes; Goethe und Heine besichtigten die Grube

9 Durch das Polstertal zum Jägersbleeker Teich

Parkplatz an der Straße Clausthal-Altenau, Ausgang Polstertal - Polstertaler Zechenhaus - Polstertaler Teich - „Hubhaus Polsterberg" - Jägersbleeker Teich - Fortuner Teich - Ausgangspunkt

7 km • 3,5 h
7 P (grüner Punkt)
10 H (roter Punkt)
10 R (roter Punkt)

Vom Parkplatz Polstertal (auch Bushaltestelle) 7P/grünem Punkt folgen aufwärts durch Fichtenwald zum Polstertaler Zechenhaus; vorbei am Campingplatz und weiter zum Polstertaler Teich; dann aufwärts zum „Hubhaus Polsterberg" (Gaststätte, Aussicht); rechts westwärts den Weg 10H/roter Punkt zum Jägersbleeker Teich und von diesem über den Damm den unmarkierten Weg zum Fortuner Teich; auf einem Eisensteg über den Graben und auf einem Pfad zwischen Graben und verlandetem Ufer zu einer Ruhebank; auf dem Wanderweg 10R/roter Punkt und später 7P/grüner Punkt bis zum Ausgangspunkt.

Polstertaler Zechenhaus: gehört zusammen mit dem Hubhaus und den Teichen zum Oberharzer Wasserregal; von 1729 bis Ende 19. Jh. war das Pochwerk Polstertaler Zechenhaus in Betrieb
Polsterberger Hubhaus: siehe Wanderung 8

10 Von Clausthal zur Sösevorsperre

Clausthal/Schützenplatz - Johann-Friedrich-Teich - Mühlenberg - Kamschlacken - Sösestausee/Vorbecken - Buntenbock - Pixhaier Teich - Clausthal

21 km • 7 h
10 K (blaues Dreieck)
6 A (grünes Dreieck)
10 O (grüner Punkt)
8 H (roter Balken)
7 O (grüner Punkt)
10 J (blaues Dreieck)

Vom Schützenplatz Clausthal in östlicher Richtung auf der Straße „Am Schlagbaum" bis zur Tankstelle; kurz dahinter nach rechts dem Wanderweg 10K/blaues Dreieck folgen; Weg führt über den Damm des Johann-Friedrich-Teiches zum Mühlenberg (Aussicht) und über den Damm des Nassenwieser Teiches ins Tal der Alten Riefensbeek; weiter nach Kamschlacken.

Auf dem Wanderweg 6A/grünes Dreieck über Riefensbeek zum Sösestausee/Vorbecken; von dort auf dem Wanderweg 10O/grüner Punkt zum Mangelhalber Tor; hier rechts auf dem Hund'scher Weg (8H/roter Balken) über Dorotheenblick nach Buntenbock. Dem blauen und roten Balken (8H, 10P) folgend durch Buntenbock, dann auf den Weg 7O/grüner Punkt abzweigen und am Sumpfteich vorbei über den Unteren Schwarzenbacher Wasserlauf zur „Pixhaier Mühle" (Gaststätte); weiter über den oberhalb des Pixhaier Teiches gelegenen Damm auf dem Wanderweg 10J/blaues Dreieck nach Clausthal zurück.

Teiche: sie sind künstlich angelegt und dienten dem Bergbau
Buntenbock: wohl der einzige Ort in diesem Gebiet, der seine Entstehung nicht dem Bergbau, sondern hier siedelnden Fuhrleuten verdankt; in älterer Zeit befanden sich hier die „Meierhöfe" der Herren v. Berkenfeld.

11 Zur Hanskühnenburg

Lonau - Sieber - Hanskühnenburg - Schindelkopf - Braakberg - Lonau

21 km • 7 h
14 D
13 B
13 A
14 O
14 K

Vom Parkplatz im südlichen Teil des Tals der Großen Lonau aufwärts bis zum nächsten Parkplatz; hier rechts einbiegen in östliche Richtung 14D/gelben Punkt folgend nach Sieber; vom Ort links neben dem Flüßchen Sieber (13B/grüner Punkt) aufwärts am Wellbeeke entlang bis zur scharfen Linkskurve; ein kurzes Stück weiter in südliche Richtung bis zur Wegekreuzung; hier weiter 13B/grünem Punkt folgen in nördliche Richtung; auf diesen Weg stoßen anschließend etliche andere Wege, die unbeachtet bleiben. Am Teilungspfahl erreicht man den Wanderweg aus Osterode (grüner Punkt im weißen Dreieck); die Ackerstraße überqueren und anschließend etwas steil aufwärts zur Hanskühnenburg gehen.
Wer abkürzen und Sieber nicht besuchen möchte, kann bereits am Parkplatz den Weg an der Großen Lonau (14B/blaues Dreieck) direkt zur Hanskühnenburg entlanggehen.
Von der Hanskühnenburg auf dem Fastweg (13A/blaues Dreieck) an der Seilerklippe vorbei zum Haspelkopf; kurz hinter dem Haspelkopf hat man beim Bärengarten eine herrliche Aussicht; weiter den Weg bis zur Wegekreuzung am Schindelkopf; hier nicht in Richtung Osterode weiter, sondern links halten in südliche Richtung und bald darauf abermals nach links abbiegen (14O/grüner Punkt im weißen Dreieck); an der Sophienklippe vorüber bis zur Gabelung unterhalb des Braakbergs; hier scharf nach rechts in südliche Richtung abbiegen und über den Braakberg (14K/grüner Punkt) zurück nach Lonau.

Hanskühnenburg: Restaurant und Aussichtsturm auf dem Acker

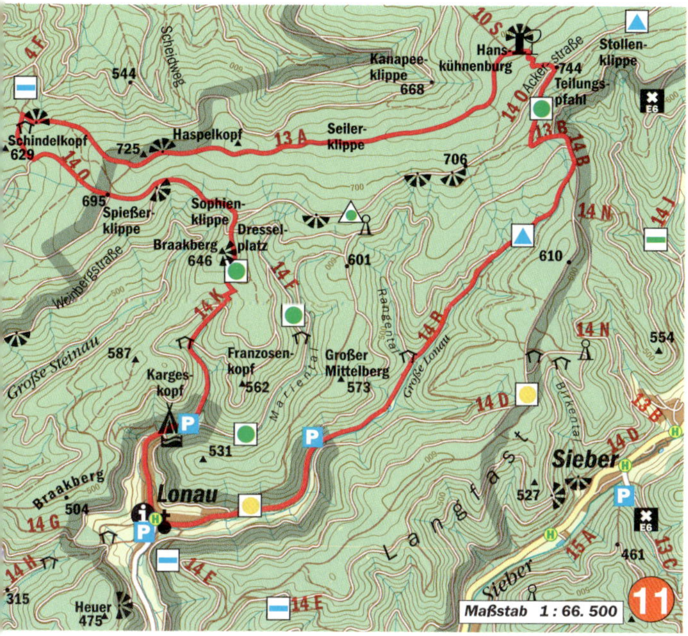

Von Altenau zum Sperberhaier Dammhaus **12**

Altenau - Tischlertal - Dammgraben - „Grabenhaus Rose“ - Eisenquelle - „Sperberhaier Dammhaus“ - Sperberhaier Damm - Totemännertal - Hüttenteich - Altenau

18 km • 5,5 h	
5 H	▲
9 A	▬

Vom Parkplatz Busbahnhof in Altenau Straße und Schneidewasser überqueren, rechts Richtung Torfhaus bis Kurverwaltung und Kurmittelhaus; Schultal weiter am Hang des Schwarzenberges; auf schmaler Holzbrücke Schneidewasser und Fahrstraße nach Torfhaus überqueren und in das Tischlertal hinein; anfangs recht steil aufwärts, am Kunstberg vorbei zum Dammgraben; an diesem weiter über Silberquell bis zum

„Grabenhaus Rose"; nun den Weg 5H/grünes Dreieck an der Eisenquelle vorbei zur B 498, am Parkplatz Straße überqueren und auf dem Weg 5H weiter zum „Sperberhaier Dammhaus" (Gaststätte). Über den Sperberhaier Damm (9A/blauer Balken) in das Totemännertal; abwärts und am Hüttenteich vorbei nach Altenau zurück.

Dammgraben: einst Lebensader des Oberharzer Bergbaus, führte Wasser aus dem Bruchberggebiet und den Brockenmooren in das Bergbaugebiet von Clausthal-Zellerfeld; gemeinsam mit dem Sperberhaier Damm 1732-34 vom Gr. Mönchstaler Wasserlauf bis zum Gr. Gerlachsbach gebaut, später nach Osten erweitert (Brockenmoore), erst 1827 endgültig Bau abgeschlossen
Sperberhaier Damm: überbrückt für den Dammgraben die Senke an der Wasserscheide; teils 16 m hoch, 950 m lang; 180 000 Kubikmeter Erde wurden mit Karre und Schaufel aufgeschüttet

13 Wolfswarte und Steile Wand

Altenau - Baumannweg - Wolfswarte - Steile Wand - Dammgraben - Schneidewasser - Altenau

14 km • 4,5 h
18 C
18 C/18 H
10 G
18 K

Vom Parkplatz „Am Mühlenberg" in Altenau zur B 498; wenige Meter weiter rechts auf dem Gustav-Baumann-Weg über den Kunstberg zum Dammgraben; auf leicht ansteigendem Weg zum Okerstein. Nun links den Oberen Bruchbergweg (18C/roter Balken) zur Wolfswarte; den steinigen Wolfswarteweg (18C/18H/blaues Dreieck) Richtung Torfhaus hinab zur Straße (Hedwigsblick links über der Steilen Wand); über die Straße und den Fußweg abwärts; unterhalb der Steilen Wand scharf links auf den Magdeburger Weg (10G/rotes Kreuz) einbiegen; wenig steigend am Hang weiter, dann steil abwärts zu einem Graben; an ihm rechts entlang (rotes Kreuz/roter Punkt im weißen Dreieck) zur Gabelung am Schachtkopf; hier links und an der nächsten Gabelung (Schutzhütte) rechts auf den Schneidewasserweg (18K/grüner Balken); durchs Schultal nach Altenau.

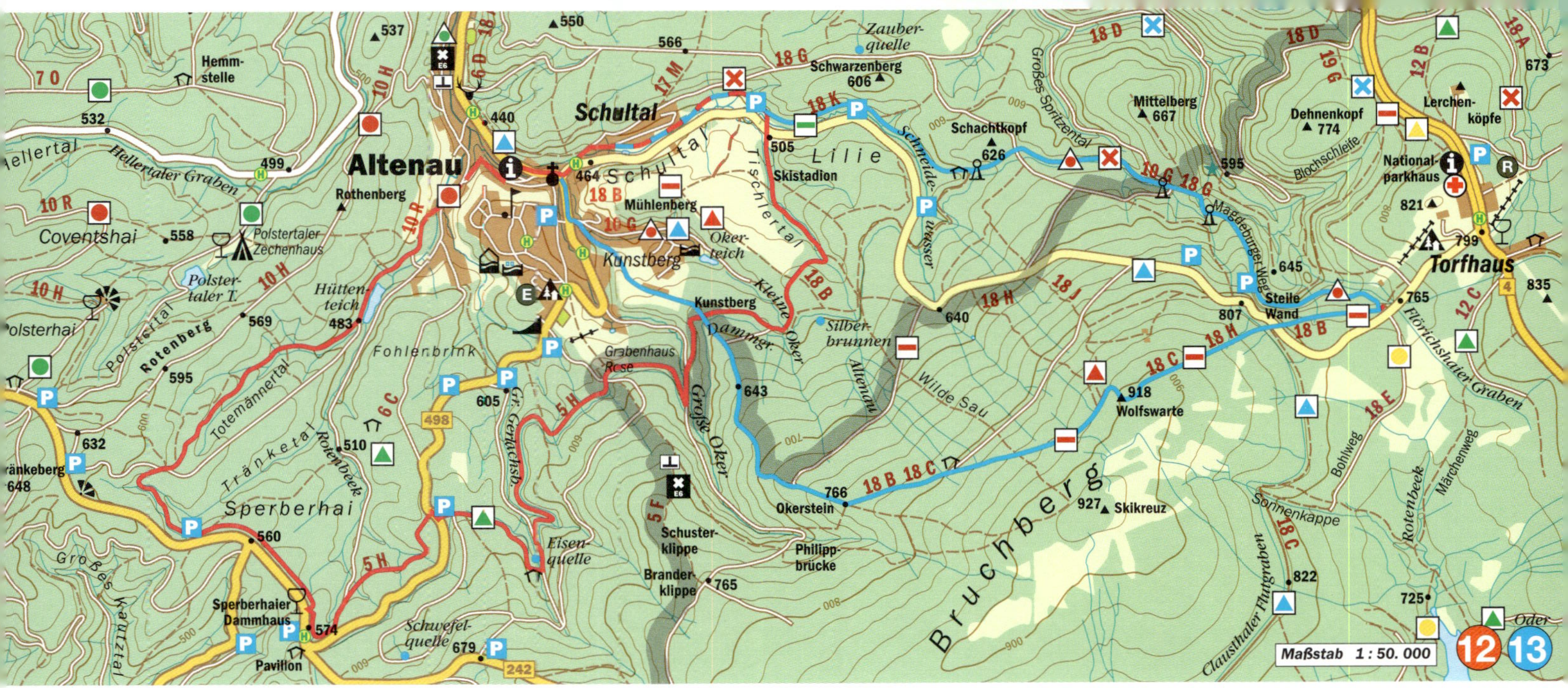
Altenau
Schultal
Torfhaus
Lilie
Skistadion
Mühlenberg
Kunstberg
Oker-teich
Tischlertal
Schultal
Kleine Oker
Große Oker
Dammgr.
Silber-brunnen
Altenau
Wilde Sau
Bruchberg
Wolfswarte
Skikreuz
Okerstein
Philipp-brücke
Schuster-klippe
Brander-klippe
Grabenhaus Rose
Fohlenbrink
Gr. Gerlachsb.
Eisen-quelle
Schwefel-quelle
Sperberhaier Dammhaus
Pavillon
Sperberhai
Tränketal
Rotenbeek
Totemännertal
Rotenberg
Polstertal
Polsterhai
Polster-taler T.
Polstertaler Zechenhaus
Hütten-teich
Coventshai
Hellertaler Graben
Hellertal
Hemm-stelle
Rothenberg
Großes Kautztal
Kränkeberg
Schwarzenberg
Zauber-quelle
Schachtkopf
Schneide-wasser
Großes Spritzental
Mittelberg
Dehnenkopf
Blochschleife
Lerchen-köpfe
National-parkhaus
Magdeburger Weg
Steile Wand
Flörichshaier Graben
Bohlweg
Rotenbeek
Märchenweg
Sonnenkappe
Clausthaler Flutgraben
Oder
18 A
18 B
18 C
18 D
18 E
18 G
18 H
18 J
18 K
17 M
19 G
12 B
12 C
10 G
10 H
10 R
7 O
6 C
6 D
5 F
5 H
537
550
566
673
532
499
440
464
505
606
626
667
774
595
821
799
835
645
765
807
640
643
918
927
766
822
725
765
558
569
483
595
510
605
632
648
560
574
679
498
242
4
12
13
Maßstab 1 : 50. 000

Oberharzer Bergstädte

Altenau • Steile Wand

Steile Wand: Felsgebilde aus Granit und Hornfels; stark zerklüftet
Wolfswarte: Felsgruppe, schöner Blick auf Nordharz; Naturschutzgebiet, Hochmoore (bis 6 m dick)

Am Rehberger Graben nach St. Andreasberg 14

Oderteich - Rehberger Graben - Hohe Klippen - Rehberger Grabenhaus - Jordanshöhe - St. Andreasberg
oder:
ab Rehberger Grabenhaus - Silberborn - Skikreuz - Oderteich

10 km • 3,5 h	
15 km • 5 h	
15 D	blaues Dreieck
15 D	gelbes Dreieck
9 C	blauer Balken
(16 E	gelbes Dreieck)

Mit Bus oder PKW bis Parkplatz Oderteich (B 242), B 242 überqueren und ein kurzes Stück abwärts (15D/blaues Dreieck); links an der Staumauer beginnt der Rehberger Graben (verläuft teils verdeckt), an ihm entlang bis zum Fuß der Hohen Klippen (Tafel erinnert an Goethe) und weiter bis zum „Rehberger Grabenhaus" (Tafel, Gaststätte, abends Wildfütterung, Bestellung notw.); ein kurzes Stück weiter bis zum Abzweig, nicht den Weg nach rechts um den Rehberg, sondern nach links (15D, gelbes Dreieck) nehmen und über die Jordanshöhe nach St. Andreasberg. Zurück mit dem Bus bis Haltestelle Sonnenberg und auf dem Weg 9C/blauer Balken, parallel zur B 242 zum Oderteich.
oder:
Ab Rehberger Grabenhaus rechts ab (16E/gelbes Dreieck); an Silberborn und Skikreuz vorbei und zwischen Kleinem Sonnenberg und Sarghai zum Oderteich zurück (unterwegs Ausblick auf Südharz und Jordanshöhe).

Oderteich: 1714-22 als Wasserreservoir gebaut, um das zum Antrieb der Kunsträder benötigte Zuschußwasser über den Rehberger Graben zu den Gruben von St. Andreasberg zu bringen; Fassungsvermögen 1,7 Mio Kubikmeter, war 175 Jahre lang größter Oberharzer Bergbauteich und zugleich größte Talsperre Mitteleuropas
Rehberger Graben: diente bis 1910 zum Transport des Aufschlagwassers zu den St. Andreasberger Gruben und Hütten, heute zur Energiegewinnung genutzt
Goethetafel: hier entdeckte Goethe zusammen mit v. Trebra am 22.9.1783 den Übergang vom Granit des Brockenplutons zu Grauwacken der Umgebung

Wanderungen im Brockengebiet

Im Eckerloch

Jeder Harzwanderer hat wohl letztlich die Besteigung des Brockens als Ziel, jenes sagenumwobenen höchsten Harzgipfels, der jedoch nur, verglichen mit Bergen der Alpen oder des Schwarzwaldes, eine mittelmäßige Höhe besitzt. Neben seinem Ruf als Sagenberg ist der Brocken für seine Extreme bekannt, beispielsweise für den ständig vorherrschenden Wind, dessen Rekord bei 263 km/h liegt. Die Fernsicht, besonders bei Inversionswetterlage, reicht bis über 200 km weit. Allerdings hat der Berg durchschnittlich 306 Tage im Jahr seine Wolken- und Nebelkappe auf.

Ihn umlagern eine Reihe von Bergen: Heinrichshöhe (1044m), Kleiner Brocken (1040m), Königsberg (1029m), Wurmberg (971m), Achtermann (926m), Renneckenberg (930m), Hohnerücken (908m). Das gesamte Gebiet ist wild und zerklüftet mit spaltenreichem Granitgestein, Mooren, Quellbächen und urwaldartigem Fichtenwuchs.

Dieses abwechslungsreiche und für Naturfreunde äußerst interessante Wandergebiet liegt in den beiden Nationalparken Harz und Hochharz (besondere Verhaltensregeln s. Anhang), nach Westen abgeschlossen durch Bruchberg und „Auf dem Acker". Es ist relativ wenig besiedelt; Schierke, Braunlage, Elend und einige wenige Forst-, Wege- und Gasthäuser wie Torfhaus, Oderbrück und Königskrug sowie Skihütten sind zu finden.

Die vorhandenen Höhenunterschiede, das schnell wechselnde Wetter (warme und wetterfeste Kleidung auf dem Brocken!) sowie die felsige Landschaft stellen erhöhte Ansprüche an den Wanderer.

Auf dem Kaiserweg 15

1. Etappe
Bad Harzburg - Burgberg - Säperstelle - „Molkenhaus" - Sellenberg - Abbestein - Hopfensäcke - „Oderbrück" - Königskrug

21 km • 7 h
19 B
19 C
35 E
25 G
12 D

Von Bad Harzburg hinauf zum Burgberg (Seilbahn oder zu Fuß), Besichtigung der imposanten Ruine der Harzburg, Weitblick ins Harzvorland; dann in südöstliche Richtung (19B) über die Säperstelle zur Tiefen Kohlstelle, dort nach Süd-West auf dem Weg 19C bis zum „Molkenhaus" (Gaststätte); Abstecher möglich zum Eckerstausee (11J/blaues Kreuz), ca. 4 km. Vom „Molkenhaus" dem Weg 35E folgen zu den Muxklippen (Abstecher zu den Klippen empfehlenswert, Aussicht); an den Klippen vorbei und links am Sellenberg entlang in südliche Richtung bis zum Fuß des Abbesteins (769 m), rechts von diesem weiter bis zur Einmündung des Wanderweges 25G/blaues Kreuz, der vom Eckerstausee kommt, und auf ihm bis zur nächsten Wegegabelung; rechts führt der Wanderweg zum Torfhaus und links der Kaiserweg weiter; auf ihm an den Hopfensäcken vorbei (Felstürme, auf Leitern zu erklettern, aber keine Aussicht); rechts halten und durch ein Hochmoorgebiet (Brockenfeld) zur Schierker Straße; weiter dem Kaiserweg folgen nach „Oderbrück" (Gaststätte); dann vorbei an Breitenstein und Achtermann (Aufstieg wegen der Sicht lohnend, Abzweig 31K/grünes Dreieck) bis zum „Königskrug" (12D). Übernachtung hier oder in Braunlage (Busverbindung).

Burgberg: hier stand mit der „Harzburg" eine der größten Harzburgen; von Kaiser Heinrich IV. 1065-69 errichtet
Molkenhaus: Waldgaststätte, als Molkenhaus 1635 errichtet, 1973 abgebrannt, neu aufgebaut
Achtermann: 1250 „Uchtenborg", Grenzhöhe; gute Fernsicht bis Kyffhäuser, Hainleite erkennbar
Säperstelle: Säper = Borke, Rinde; bezeichnet die Stelle, wo die gefällten Bäume entrindet wurden
Eckerstausee: dient der Trinkwasserversorgung

Bad Harzburg
15
Der Verlauf des Kaiserweges
Torfhaus
Oderbrück
Königskrug
Braunlage
St. Andreasberg
Oderhaus
Hohegeiß
Zorge
Wieda
Walkenried

1943 fertiggestellt; Staumauer: 76 m hoch, 225 m lang; Fassungsvermögen: 13 Mio. Kubikmeter;
Oderbrück: Brücke über die Oder, alte Passierstelle durch Moore zwischen Brocken und Bruchberg
Königskrug: Ort der mittelalterlichen Turmburg,

2. Etappe
Königskrug - Brunnenbach - Haus „Waldmühle“ - Lausebuche - Kronenbach - Kapellenfleck - Steigerköpfe - Wagnerskopf - Jagdkopf - Walkenried

Bei Königskrug die B 4 überqueren; auf der „Alten Harzburger Straße“ (12D, später 31D) an den Häusern Brunnenbach vorbei und in das Brunnenbachtal hinab zum Kinderheim „Waldmühle“; ansteigend zur Lausebuche; Kreuzung der B 27 Braunlage - Bad Lauterberg (Rastplatz); nun über eine Kuppe (31N) und hinab in das Tal des Kronenbachs; zum Kapellenfleck und weiter (31N) bis zur L 601 Braunlage - Wieda, diese überqueren und in südliche Richtung (31L) über die Steigerköpfe zum Wagnerskopf und dann Richtung Waeschkopf bis zur Schutzhütte an Helenenruh. Wieder ansteigend nun zum Jagdkopf (Südseite); dann abwärts (32K) bis zum Eichenberg (Abstecher auf die Kuppe lohnend wegen der Aussicht); Überqueren der Kreisstraße Wieda - Siedlung Uhdenberg und weiter zur L 603 Zorge - Walkenried; auf dem Feldweg, rechts der Straße, nach Walkenried.

Kaiserweg: auf ihm Weg floh angeblich Kaiser Heinrich IV. 1066 von der belagerten Harzburg nach Walkenried; uralter Weg quer über den Harz, von den sächs. Kaisern erweitert; heute eine der beliebtesten Streckenwanderungen von Bad Harzburg bis Walkenried (42 km) und seit einigen Jahren weiter über Nordhausen bis zur ehemaligen Königspfalz Tilleda (51 km)
Kapellenfleck: Standort einer ehem. Viereckschanze, Ruine einer Kapelle (1257 erwähnt)
Walkenried: Zisterzienserkloster „Walkenrede“, 1127 gegründet, dank seines Grubenbesitzes (u. a. Rammelsberg Goslar) das reichste Kloster Nord- und Mitteldeutschlands; heute Ruine, im Bauernkrieg zerstört, Ausstellung zu besichtigen

16 Von Bad Harzburg über den Brocken nach Torfhaus

Bad Harzburg - Kaiserweg - Eckerstausee - Scharfenstein - Kleiner Brocken - Brocken - Goetheweg - Torfhaus

23 km • 8 h
19 C
11 J
11 C
10 F
19 C

Mit der Seilbahn hinauf auf den Burgberg (Parkplatz an der Talstation); von hier aus den Kaiserweg (19C/blauer Punkt im Dreieck) entlang bis zum Molkenhaus (gut ausgeschilderter Weg); dort am Kinderspielplatz vorbei bergab zum Eckerstausee (11J/blaues Kreuz); über die Staumauer hinüber zum Frankenberger Weg, vorbei am Frankenbergstein (11C/grüner Balken) zum Scharfenstein; von hier rechts auf den Kolonnenweg (Betonwaben); an Hermanns- und Bismarckklippe vorbei; über den Kleinen Brocken und hinauf zum Brocken. Eine andere Route von Bad Harzburg zum Eckerstausee führt vom Radauwasserfall an der B 4 in Richtung Torfhaus (Parkplatz) steil aufwärts zur Luisenbank (35 M/rotes Kreuz; verbale Beschilderung); den Kaiserweg überqueren und weiter der Ausschilderung folgen.
Der Rückweg von der Brockenkuppe führt zunächst die Brockenchaussee abwärts bis zum Bahnübergang der Brockenbahn; hier rechts abbiegen und den Goetheweg (10F/roter Punkt im Dreieck) entlang, vorbei an Eckersprung und Luisenklippe, nach Torfhaus; von hier per Bus zurück nach Bad Harzburg.

Frankenberger Weg: benannt nach dem Braunschweiger Stadtrat und Vorsitzenden des Hauptvorstands des Harzklubs (1918-1931)
Eckerstausee: siehe Wanderung 15
Scharfenstein: Felspartie; Name von "scharfer Stein" im Sinne von schroff; früher als Viehhof genutzt (bauliche Reste erkennbar); Neubau diente den DDR-Grenztruppen als Kaserne
Goetheweg: benannt nach Johann Wolfgang von Goethe; erste von drei Brockenbesteigungen am 10.12.1777 bei tiefem Schnee und Frost mit Förster Degen

Bad Harzburg
486
Papenberg
409
23 B
7 F
Schmalen-
bergsklippe
17 P
17 Q
Ahornweg
478
Gabbro
Köhlerloch
Radau-
wasserfall
19 E
17 R
Wodanseiche
328
500
35 M
12 A
Ruine
Harzburg
546
32 H
23 H
19 B
Säperstelle
11 A
Heinrichs-
quelle
403
20 A
Ulmenplatz
23 J
571
20 E
Uhlenklippe
424
Förster-
tränke
20 F
20 B
Kaltetalskopf
600
Uhlenkopf
20 E
Hausmanns-
klippen
11 G
325
11 H
555
347
20 A
Tauben-
klippe
Tiefe
Kohlstelle
572
Echo-Platz
462
11 H
524
Kaiserweg
19 C
19 D
Molken-
haus
Muxklippe
585
Winterberg
35 M
582
507
12 B
Gr. Maitzental
474
480
476
Gr. Gierskopf
595
Am Kruzifix
Zillierwald
543
Luisen-
bank
35 E
Spinne
Frankenberg-
stein
Abtklippe
Grottenklippe
Radau
Eckertal-
sperre
621
568
621
25 G
Lobenklee
655
Luchsweg
Radautal
Kaiserweg
11 J
Kohlebomsgrund
620
25 G
Eckerstausee
11 C
Scharfen-
steinklippe
696
590
618
12 Ba
Sellenberg
647
628
11 J
Fuhler Lohnbach
25 F
Kolonnenweg
Hermannsklippe
632
607
600
Abbetränke
35 E
Große
Peseke
653
747
9 E
636
35 F
Radau-
bruch
Abbenstein
769
Bismarckklippe
898
Lorenz-
brücke
25 G
717
18 A
673
Radau
Kleiner Brocken
1019
9 E/11 C
Hirtenstieg
842
Brand-
klippe
25 G
Abbe
Schubenstein
803
Kaiserweg
35 E
Kahle Klippe
1012
Torfhaus
794
Luisen-
klippe
Quitschenberg
882
Zinnenweg
Brocken
1142
10 F
835
Goetheweg
Abbe
Magdbett
Königsbach
9 D/10 F
Goetheweg
10 F
11 K
35 T
19 J
Hopfensäcke
Brocken-
feld
Ecker-
sprung
Hirschhörner
1023
Königsberg
Eckerloch
814
886
35 E
Maßstab 1 : 66. 500
16

17 Von Ilsenburg zum Brocken

Ilsenburg - Ilsetal - Großes Sandtal - Kruzifix - Eckerstausee - Scharfenstein - Kleiner Brocken - Brocken - Hermannsklippe - Kellbeek

23 km • 8 h
9 E
25 F
11 C
9 E

Vom Zanthierplatz in Ilsenburg (Parkplatz im Ilsetal) aufwärts an der Ilse entlang (9E/grüner Balken); am Abzweig rechts ins Große Sandtal und durch das Tal hinauf zum Kruzifix (25F/blaues Kreuz); kurz hinter dem Kruzifix hinab zum

Eckerstausee (Blick zum Scharfenstein und zum Brocken); an der Sperrmauer trifft der Wanderweg von Bad Harzburg auf unsere Route. Weiter am See entlang, den leicht ansteigenden Frankenberger Weg hinauf, vorbei am Frankenbergstein (11C/grüner Balken) zum Scharfenstein; von hier rechts auf den Kolonnenweg (Betonwaben); an Hermanns- und Bismarckklippe vorbei und über den Kleinen Brocken auf dem Hirtenstieg entlang zum Brocken hinauf. Zurück wieder über den Kleinen Brocken bis zur Hermannsklippe; dann hier rechts abzweigen auf den Heinrich-Heine-Weg Richtung Kellbeek; beim Abstieg im Tal links halten (9E/roter Balken/rotes Dreieck) und abwärts auf dem Bremer Weg (ausgeschildert, Schutzhütte davor) an den Ilsefällen durchs Ilsetal bis Ilsenburg.

Zanthierplatz: Name erinnert an Hans Dietrich von Zanthier (1717-1778), Oberforstmeister des Grafen zu Stolberg-Wernigerode; Gründer der ersten Forstakademie in Ilsenburg; reformierte die Forstarbeit unter strengen ökonomischen Gesichtspunkten
Ilsestein: hoch aus dem Ilsetal aufragende Klippe; seit dem 16. Jh. so benannt; trug 1003-1107 eine Trutzburg; der Felsen ist wie das ganze Ilsetal sagenumwoben (z.B. Schloß der Prinzessin Ilse)
Eckerstausee: siehe Wanderung 15
Scharfenstein: siehe Wanderung 16
Frankenberger Weg: siehe Wanderung 16
Hirtenstieg: klassischer Brockenanstieg von Bad Harzburg
Heinrich-Heine-Weg: ähnlicher Verlauf des Brokkenabstiegs wie bei Heine in der „Harzreise". Als thematischer Wanderweg ausgebaut und mit vielen Informationenstafeln versehen

18 Auf dem Goetheweg zum Brocken

Torfhaus - Großes Torfhausmoor - Quitschenberg - Moor Brockenfeld - Eckersprung - Brockenbahn - Taubenschlag - Brocken

16 km • 6 h
10 F

Von Torfhaus (Parkplatz; Bushaltestelle) neben der B4 kurzes Stück Richtung Braunlage; links auf den Weg 10F/blaues Dreieck und am Abbegraben entlang, vorbei am Großen Torfhausmoor (schöner Blick über das Moor). Kurz danach treffen sich Goetheweg und Kaiserweg und beschreiben ein kurzes Stück den gleichen Weg in südöstliche Richtung; Kaiserweg verlassen und dem Weg 10F weiter folgen; am Fuße des Quitschenberges entlang, auf der rechten Seite liegt das Moor Brockenfeld; der Weg führt zwischen Ecker- und Bodesprung entlang steil aufwärts zur Trasse der Brokkenbahn, die am Hang des Königsberges entlangführt; parallel zur Bahn führt der Goetheweg gut ausgebaut aufwärts bis zur Brockenstraße; hier links ab und auf der Straße hinauf zum Brocken.
Wer zurück einen Umweg über den Dreieckigen Pfahl nehmen möchte, biegt in der Nähe des Eckersprungs nach links ab, folgt dem Weg 35F am Bodesprung vorüber zum Dreieckigen Pfahl; dann weiter auf dem Weg 9D/grünes Dreieck, 35E/blauer Punkt im weißen Dreieck zu den Hopfensäcken und von dort auf dem Goetheweg zurück zum Torfhaus.

Goetheweg: siehe Wanderung 16
Torfhaus: 1713 erstes Haus von herzoglicher Forst Braunschweig-Wolfenbüttel errichtet mit Beginn des Torfabbaus durch die Stolberg-Wernigeröder Forstverwaltung; Torf als Ersatz für Holzkohle, bewährte sich aber nicht; Goethe übernachtete hier bei Förster Degen vor seiner 1. Brockenbesteigung am 10. 12. 1777
Großes Torfhausmoor: wird auch Radauerbornmoor genannt, zählt zu den größten und ältesten Harzmooren, Entstehung um 8300 vor der Zeitrechnung
Quitschenberg: Name von Ebereschen (=Quitschen), die dort wuchsen

Brockenbahn: gehört zu den Harzer Schmalspurbahnen, führt von Wernigerode über Schierke zum Brocken; erste Fahrt am 27. 3. 1899
Dreieckiger Pfahl: heute Grenzpunkt zwischen den Landkreisen Goslar und Wernigerode, ca. 1000 Jahre alte Grenze, die die Herrschaften Wernigerode, Braunschweig-Hannover und Blankenburg-Regenstein trennte

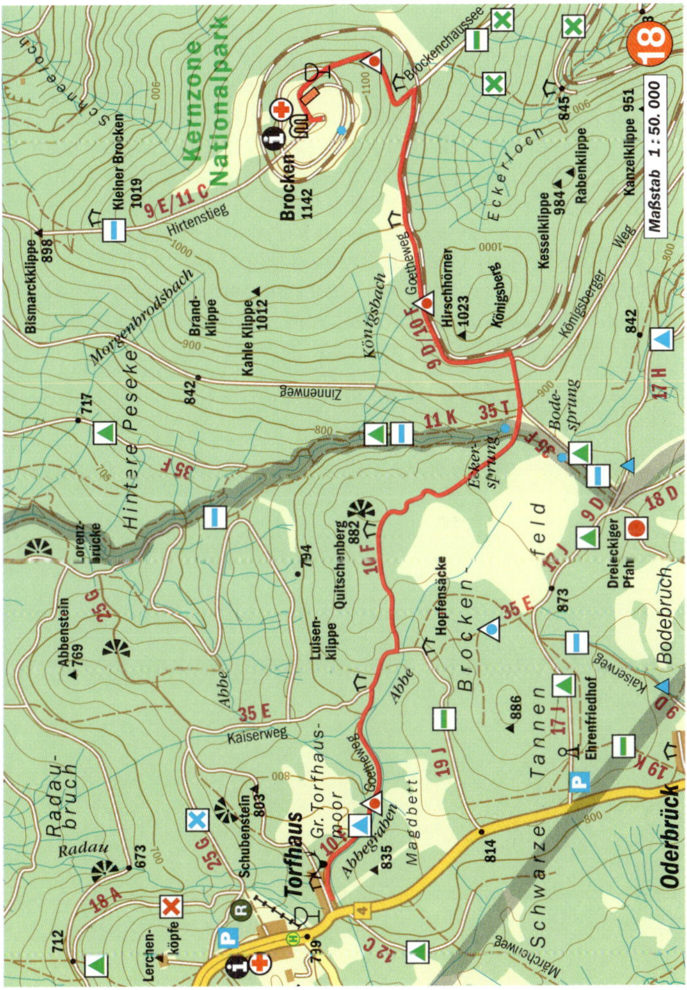

19 Um das Große Torfhausmoor

Torfhaus - Goetheweg - Brockenblick - Magdbettmoor - Abbegraben - Kaiserweg - Abbebrücke - Torfhaus

4,5 km • 1,5 h
10 F
35 E
25 G

Vom Torfhaus in Richtung Braunlage; hinter den letzten Häusern links auf den Goetheweg; wenig später erreicht man bereits das Große Torfhausmoor (weiter Blick über die baumlose Moorfläche; im Hintergrund bei klarer Sicht Brokkenblick); am Lenkungsgatter (Schutzgatter schützt vor Betreten des Moores) Stillstandskomplex, wo das Wachstum des Moores zum Stillstand kam. Am Moor entlang - rechts liegt der künstlich angelegte Abbegraben - bis von links der Kaiserweg ankommt (Schutzhütte); auf dem Kaiserweg in nördliche Richtung (35E/blauer Punkt im weißen Dreieck); an der Abbebrücke die Abbe überqueren (links, Richtung Großes Torfhausmoor, ein Moorfichtenwald). Den Kaiserweg am Rastplatz verlassen und links abbiegen (25G/blaues Kreuz); kurz vor dem Torfhaus links ein alter Torfstich; von dort zum Torfhaus zurück.

Goetheweg: siehe Wanderung 16
Kaiserweg: siehe Wanderung 15
Großes Torfhausmoor: siehe Wanderung 18

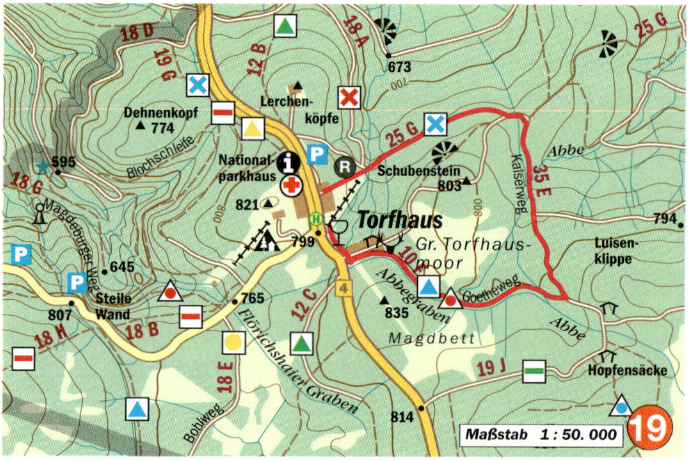

Abbegraben: 1827 künstlich angelegt; 1 540 m lang, Teil des Dammgrabensystems (Oberharzer Wasserregal)
Moorfichtenwald: wächst an den Moorrändern; je mooriger der Boden, desto lockerer der Moorfichtenwald; Baumwachstum extrem langsam; als einzige Laubbaumart wächst auf dem sauren Boden die Karpatenbirke und als Eiszeitrelikt äußerst selten die Zwergbirke

Von Oderbrück zu Quitschenberg und Achtermann 20

Oderbrück - Quitschenberg - Eckersprung - Dreieckiger Pfahl - Achtermann - Oderbrück

11 km • 3,5 h
9 D
10 F
35 F
35 L
31 K

Vom Parkplatz an der Gaststätte „Oderbrück" zunächst den Kaiserweg (9D/blauer Punkt im weißen Dreieck) in nordöstliche Richtung entlang bis zur Schutzhütte; von hier ein paar Schritte nach rechts bis zum Wanderweg grünes Dreieck; dem Kaiserweg links weiter folgen bis zu den Hopfensäcken (Felsformation); von hier ein kurzes Stück weiter bis zur Schutzhütte; den hier ankommenden Weg (19J/grüner Balken) ignorieren und weiter dem Kaiserweg folgen in Richtung Luisenklippe bis zur nächsten rechten Abzweigung; hier den Kaiserweg verlassen und auf den Goetheweg wechseln (10F/roter Punkt im weißen Dreieck); den Weg bis zur Schutzhütte; Aufstieg zum Quitschenberg; zurück zum Weg und weiter zum Eckersprung (Gleise der Brockenbahn am ehemaligen Haltepunkt Goetheweg zu sehen); nicht in Richtung Brockenkuppe weiter, sondern den Goetheweg verlassen und zum Dreieckigen Pfahl (35F/blauer Balken); ab hier 35L/roter Punkt und vorbei am Roten Bruch, am Bodebruch und dem Schwarzen Sumpf bis zum Achtermann; ab Achtermann 31K/grünes Dreieck, an den Breitesteinklippen vorüber, wo man wieder auf den Kaiserweg stößt, der zurück nach Oderbrück führt.

Quitschenberg: siehe Wanderung 18
Dreieckiger Pfahl: siehe Wanderung 18
Achtermann (926 m): zählt zu den höchsten Erhebungen des Westharzes; waldfreie Kuppe aus Granit und Hornfels bietet Ausblick über Wälder und Moore des Oberharzes

21 Von Braunlage zum Achtermann

Braunlage (Kaffeehorst) - Wurmberg - Dreieckiger Pfahl - Achtermann - Rodelhaus (Wirtshaus) - Kaffeehorst

18 km • 6 h
35 H
18 D/35 D
35 L
35 H
35 D

Vom Parkplatz Kaffeehorst in westliche Richtung bis zur „Bratwurst“ (roter Punkt); von hier geradeaus weiter zur Großen Klippe der verbalen Ausschilderung folgen (Wer mit öffentlichen Verkehrsmitteln nach Braunlage reist,

kann von der Talstation der Wurmbergbahn aus den direkten Weg zur Großen Klippe laufen). Von der Großen Klippe den breiten Weg, der unter der Seilbahn zum Wurmberg emporführt, aufwärts bis zu dessen Gipfel (herrlicher Blick zum Brocken, nach Schierke und über die Berge des Oberharzes); Besichtigung der vorchristlichen Opferstätte empfehlenswert; vom Gipfel aus zur Stieglitzecke (35H/ roter Punkt); ab hier auf dem Ulmerweg (18D/35D/grünes Dreieck) Richtung Dreieckiger Pfahl (stellenweise feuchter Weg und beschwerliches Laufen, aber schöne Ausblicke zum Brocken und zum Königsberg, zur Sandbrinkklippe und ins Tal der Kalten Bode); am Brockenstein stößt der Ulmerweg auf die Große Bodestraße; dieser nun nach rechts bis zum Dreieckigen Pfahl folgen (ein Blick zurück: schöne Aussicht zum Wurmberg). Am Dreieckigen Pfahl treffen sich die Alte Schierker Fahrstraße und der von links heranführende Wanderweg, der vom Goetheweg kommt und zum Achtermann führt (35L/roter Punkt); auf diesem Weg der verbalen Beschilderung in Richtung Achtermann/ Braunlage folgen (hier ist das Hochmoor Rotes Bruch in seiner ganzen Schönheit und Unheimlichkeit zu erleben); von einer Aussichtsplattform ist in Richtung Torfhaus das Bodebruch erkennbar; kurz hinter diesem Aussichtspunkt gabelt sich der Weg (rechts nach Oderbrück und zum Kaiserweg), hier links halten und auf dem Kleinen Bodeweg entlang zwischen Rotem Bruch und Oderbruch sowie Schwarzem Sumpf bis zur Wegegabelung; hier auf dem schmalen Fußweg rechts halten bis zum Achtermann (verbal ausgeschildert); der Aufstieg auf die kahle Kuppe des Achtermanns ist steil, lohnt sich aber wegen der schönen Aussicht, Schutzhütte vorhanden; zurück zum Kleinen Bodeweg und ihm nach links weiterfolgen, an der Kleinen Bode entlang durch urwüchsiges Gebiet mit Mooren und Fichtenbestand. Man gelangt an die Moosbrücke (35H/roter Punkt) und anschließend an die Bärenbrücke, an der sich vier Wege treffen; weiter Richtung Wurmberg (35D/grünes Dreieck) bzw. Rodelhaus (verbal ausgeschildert); an der nächsten Wegegabelung halblinks weiter Richtung Rodelhaus und Wurmberg bis zum ehemaligen Steinbruch; oberhalb des Steinbruchs auf dem Wanderweg weiter bis zum Rodelhaus und von hier zum Ausgangspunkt der Wanderung (Kaffeehorst) zurück.

Brockengebiet

Schierke

Achtermann: siehe Wanderung 20
Wurmberg (971 m): höchste Erhebung des Westharzes, Plattform des Turmes bei 1 000 m; heidnische Kultanlagen, vielleicht keltisch

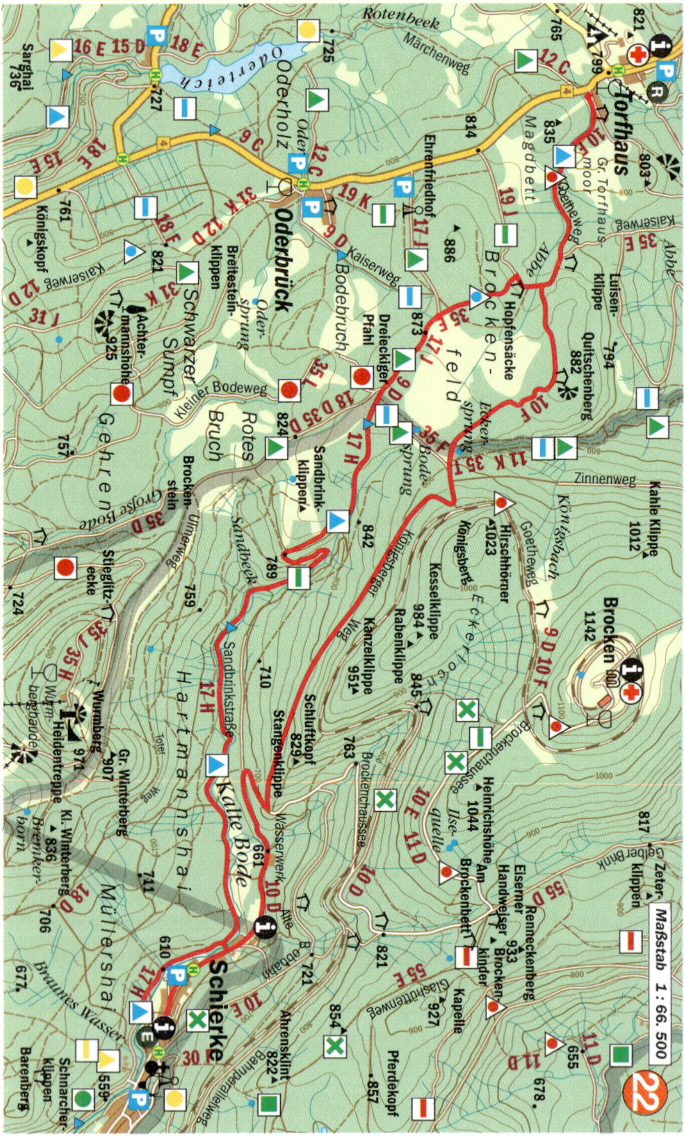

Von Schierke zum Torfhaus 22

Schierke - Königsberger Weg - Goetheweg - Torfhaus - zurück über Braunlage (Bus) oder über Dreieckiger Pfahl - Alte Schierker Straße - Bodetal nach Schierke

18 km • 6 h
10 F
35 E
17 H

Vom Rathaus in Schierke durch den Ort in Richtung Brocken; Brockenchaussee entlang bis zur scharfen Rechtskurve; kurz dahinter nach links auf den Königsberger Weg einbiegen und diesen bis unterhalb des ehemaligen Brockenbahn-Haltepunktes Goetheweg nicht verlassen; ab hier auf dem Goetheweg (10F/roter Punkt) am Quitschenberg und an der Luisenklippe vorbei zur Torfhaus-Siedlung. Hier kann man sich in einen Linienbus setzen und über Braunlage nach Schierke zurückfahren.
Wer lieber einen ruhigen Spaziergang machen möchte, wandert nicht bis Torfhaus, sondern biegt bereits in Höhe der Luisenklippe nach links ab, an den Hopfensäcken vorbei zum Dreieckigen Pfahl (35E/blauer Punkt im weißen Dreieck); abkürzen kann man, wenn man vom ehemaligen Brockenbahn-Haltepunkt Goetheweg links direkt zum Dreieckigen Pfahl abbiegt (9D/roter Punkt); ab Dreieckigem Pfahl Richtung Schierke (17H/blaues Dreieck), am Sandbrink und den Sandbrinkklippen vorbei, an der Kalten Bode entlang bis unterhalb des Schluftkopfes; hier weiter rechts halten durchs Bodetal bis Schierke.

Zwei Wanderungen von Schierke zum Brocken 23

I. Durch das Eckerloch
Oberschierke - altes Wasserwerk - Schluftwasser - Eckerloch - Brockenstraße - Brocken

8 km • 3,5 h
10 D

Von Oberschierke die Brockenstraße aufwärts bis zum alten Wasserwerk; rechts abbiegen und den Weg 10D/grünes Kreuz aufwärts am Schluftwasser entlang; Brockenstraße überqueren und am Hang des Schluftkopfes bis zur Brockenbahn. Am Eckerloch steil aufwärts über den Knüppeldamm bis zur Brokkenstraße, auf dieser nach links aufwärts zum Brocken.

II. Über den Glashüttenweg
Schierke - Bahnhof - Ahrensklint - Glashüttenweg - Brockenstraße - Brocken

Gegenüber vom Parkplatz am Ortseingang aufwärts zum Bahnhof; über die Gleise der Brockenbahn und links, parallel zur Bahn, leicht ansteigend bis Abzweig (30F/gelber Punkt) zum Ahrensklint (Abstecher; Ausblick vom Felsen

auf die östliche Harzhochfläche); über die Blöße auf einem Fußpfad zum Glashüttenweg (55E/grünes Kreuz) und auf diesem nach links weiter (angenehmer, fast ebener Weg). Der Weg mündet am Eisernen Handweiser ins Brockenbett und in die Brockenstraße (10E/grünes Kreuz), diese rechts aufwärts, an der Ilsequelle vorbei (Quelle liegt rechts in der Kernzone des Nationalparks; betreten verboten); am Hang der Heinrichshöhe entlang (Ausblick auf Wurmberg und beide Winterberge) auf der Straße bis zur Brockenkuppe.

10 km • 4 h
30 F
55 E
10 E

Rückweg entweder auf einem der beschriebenen oder über den Goetheweg bis zur ehem. Haltestelle Goetheweg der Brockenbahn; links halten um den Königsberg und auf dem Königsberger Weg zurück nach Schierke (9D, 10F)
Länge: ca. 17 km

Ahrensklint: Granitfels über dem Schierker Tal, Name vermutlich von „Adlerfelsen"
Glashüttenweg: Verbindungsweg zwischen der ehem. Glashütte der Fa. Röhrig/Wernigerode im Jacobsbruch und Drei Annen Hohne (einige Grundmauern noch erkennbar)

Von Schierke zum Jacobsbruch (Klippenwanderung) 24

Oberschierke - Alte Bobbahn - Brockenstraße - Brokkenbett - Renneckenberger Hütte - Kapellenklippe - Renneckenberg - Brockenkinder - Ahrensklint - Jacobsbruch - Bahnhof Schierke - Schierke

Von Oberschierke (Bushaltestelle, PKW-Parkplatz gegenüber) bis Hotel „Brockenscheideck", rechts bergan (10E/grünes Kreuz) zur Alten Bobbahn; diese aufwärts über die Bahntrasse (Ausblick) und weiter aufwärts bis zur Brockenstraße (Weg identisch mit Verlauf der ehem. Bobbahn); auf der Brockenstraße am Mönchsbruch vorbei bis zum Brokkenbett; nun rechts den Glashüttenweg (55E/grünes Kreuz) entlang, an der Renneckenberger Hütte vorbei und hinauf zum Renneckenberg (Klippen, 933m), Fußpfad rechts (grü-

10 km • 3,5 h
10 E
55 E

ner Balken) zu den Brockenkindern (Klippen, 927m) und zur Kapellenklippe (927m; Blick auf Wernigerode); rechts den Pfad bergab auf den Glashüttenweg und auf diesem links zum Ahrensklint. Links halten um den Erdbeerkopf durch den Jacobsbruch bis zur Wegekreuzung, hier hinab nach Schierke (Hinweisschilder).

Alte Bobbahn: gebaut 1907; deutsche Meisterschaften erstmals 1908 und zum letzten Mal nach dem Ausbau 1958, 141 m Höhenunterschied
Brockenkinder: kleinere Granitklippen, gut erkennbare Wollsackformation; Name entstand, als der Brocken nicht zugänglich war (Grenzgebiet)
Kapellenklippe: Granitklippe auf dem Kamm des Renneckenberges, auch Königskapelle
Jacobsbruch: Name erinnert an Bergrat Jacob Bierbauer, der hier 1731-36 die erste kommerzielle Torfstecherei begann; 1789-1842 stand hier die Glashütte der Fa. Röhrig/Wernigerode (Fundamentreste und Kellergewölbe)

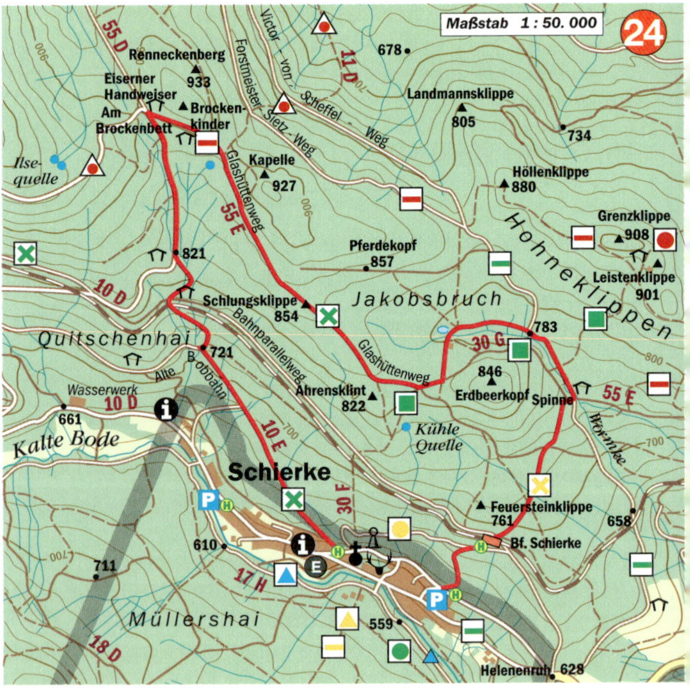

Von Schierke zur Plessenburg (Klippenwanderung) 25

Schierke - Alte Bobbahn - Brockenbett - Kapellenklippen - Renneckenberg - Zeterklippen - Stern - Sonnenklippen - Plessenburg - Alexanderstieg - Wolfsklippen - Steinerne Bucht - Leistenklippe - Drei Annen Hohne

20 km • 7 h
22 B
25 D
30 G

Vom Schierker Rathaus bergauf zur Alten Bobbahn über den Ottoweg (hinter den Wohnneubauten); Bobbahn aufwärts zur Brockenstraße; auf dieser entlang bis zur Einmündung des Glashüttenweges; ca. 100 m den Glashüttenweg entlanggehen und dann gleich links abbiegen zur Skihütte; an dieser rechts vorbei hinauf zu den Kapellenklippen; den Fußsteig auf dem Kamm entlang bis zu den Zeterklippen (roter Balken); dieser Markierung beim Abstieg von den Zeterklippen bis zum Stern folgen; ab hier am grünen Viereck orientieren bis zu den Sonnenklippen (herrlicher Blick über das Ilsetal zum Brocken); den Weg weiter bis zur Plessenburg. Ab hier in Richtung Drei Annen Hohne (22B/roter Punkt) und über den Oberen Hohneweg (25D) bis zum Beerenstieg; nun beginnt ein steiler Aufstieg bis zur Leistenklippe; von dieser den Hohnehang hinab bis zur Wormke (30G/grünes Viereck) und weiter bis Schierke.
Möglich wäre, nicht über den Beerenstieg und den Hohnerücken zurück nach Schierke zu wandern, sondern der Oberen Hohnechaussee (25B) zu folgen und von Drei Annen Hohne mit Bus oder Zug zurück nach Schierke zu fahren. Entfernungen bleiben gleich.
Achtung! Stellenweise (besonders auf dem Renneckenberg) sind Wanderweg und Markierungen schwer zu erkennen.

Alte Bobbahn: siehe Wanderung 24
Plessenburg: ehemaliges herrschaftliches Jagdhaus der Grafen zu Stolberg-Wernigerode; 1776 erbaut und nach dem Schwiegersohn des Grafen Henrich Ernst benannt; heute Ausflugsgaststätte; Forsthaus in unmittelbarer Nachbarschaft

26 Auf der Hohne

Drei Annen Hohne - Forsthaus Hohne - Oberer Hohneweg - Beerenstieg - Leistenklippe - Wormke - Glashüttenweg - Drei Annen Hohne

17 km • 6 h
25 B
10 C
30 G
55 E

Am großen Parkplatz in Drei Annen Hohne die Hagenstraße überqueren; dem roten Punkt (25B) folgend am Kiosk vorbei in westliche Richtung

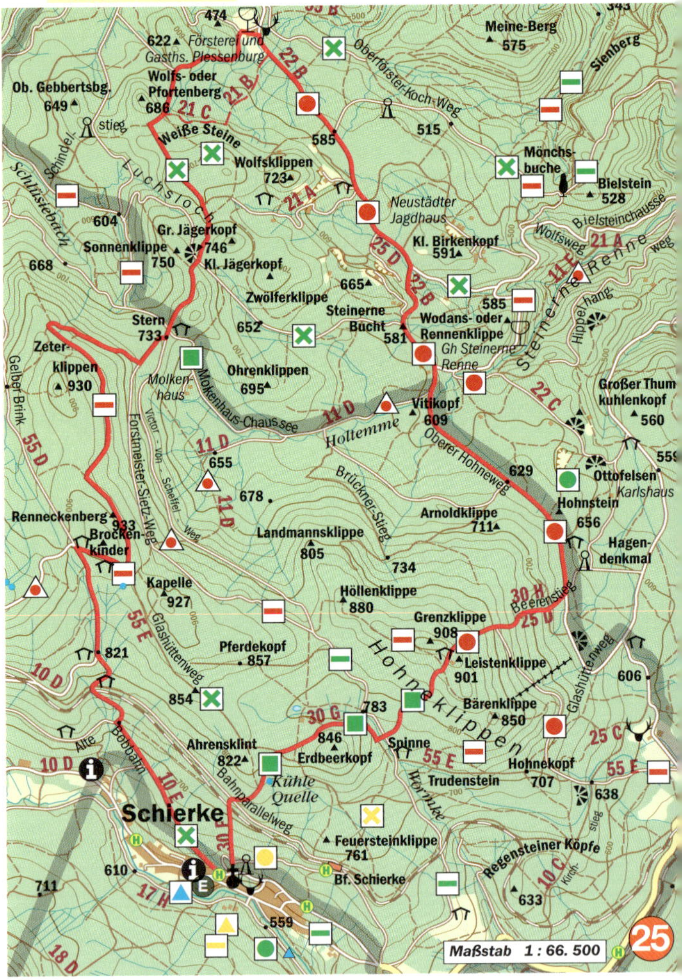

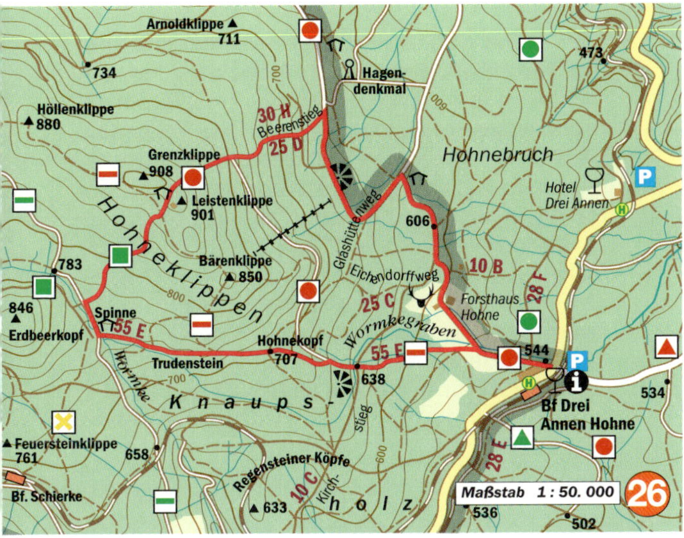

zum Forsthaus Hohne; die Waldwiese links liegenlassen und auf leicht ansteigendem Weg (10C) weiter in Richtung Skilift; an der Wegegabelung (rechts geht es zum Thumkuhlental) links halten und weiter bis zur Talstation des Skiliftes; vom Weg hat man anschließend einen schönen Blick über das Bruchgebiet, das zwischen dem Hohnerükken und dem Thumkuhlenkopf liegt (bei klarer Witterung ist im Norden auch Wernigerode mit Schloß zu sehen). Wenig später trifft der Weg auf den Beerenstieg; diesen hinauf bis zur Leistenklippe auf dem Hohnerücken (steiler Anstieg!); mittels eiserner Leitern kann man den Felsen hinaufsteigen (beeindruckende Aussicht bei guter Fernsicht; Klippe umgeben von urwüchsiger Natur: unförmiges Gestein zwischen Heidelbeersträuchern, halbvermoderte Baumstämme neben frischem Windbruch); von der Leistenklippe (30G/grünes Viereck) steil hinunter bis zur Wormke; auf dem Glashüttenweg (55E) bis zum Trudenstein (Rastplatz; schöner Blick über den Ostharz bis zum Auerberg); von hier aus zurück nach Drei Annen Hohne (verbale Beschilderung/roter Balken).
Achtung! Auf dem Hohnerücken kann man sich schnell verirren, deshalb unbedingt den Wegemarkierungen folgen. Zu beachten sind außerdem die besonderen Verhaltensregeln (siehe Anhang), da sich das Hohnegebiet in der sogenannten Pflege- und Pufferzone des Nationalparks Hochharz befindet.

Drei Annen Hohne: ehemaliger Viehhof am Fuße des Hohnerückens; von 1770-1800 Kupfer- und Silbererzgrube betrieben; Hohne vermutl. vom althochdeutschen hun (hoch), mit den drei Annen sind wohl die 1770 geborene Tochter des Grafen Christian Ernst zu Stolberg-Wernigerode und deren zwei Patinnen gemeint - sie hießen alle drei Anna; Haltestelle der Harzquer- und Brockenbahn, Bushaltestelle, Großparkplatz
Beerenstieg: Höhe mit zahlreichen Beeren
Leistenklippe: Name vermutl. vom althochdeutschen "listen" (= Rand oder Saum)
Glashüttenweg: siehe Wanderung 23

Von Drei Annen Hohne zur Steinernen Renne 27

Parkplatz Drei Annen Hohne - Skilift - Glashüttenweg - Trudenstein - Wormke - Erdbeerkopf - Jacobsbruch - Pferdekopf - Stern - Molkenhauschaussee - Steinerne Renne - Bahnstation Hasserode - Wernigerode

15 km • 4,5 h
25 B
10 C
55 E
11 D
22 B
21 A

Vom Parkplatz Drei Annen Hohne die Fahrstraße Wernigerode-Schierke überqueren; auf der Forststraße 25B/ roter Punkt in westliche Richtung leicht ansteigend bis zur Gabelung; rechts weiter, am Forsthaus Hohne vorbei und bis zur Sitzgruppe mit steinernem Wegweiser. Hier links bis zum Skilift (10C); links an diesem vorbei und auf dem Glashüttenweg (55E) weiter bis zum Trudenstein (Besteigung über Leiter möglich; Blick auf Harzhochebene); am Wormkegraben weiter bis zum Erdbeerkopf; an der Wegekreuzung rechts halten, am Jacobsbruch vorbei und an der nächsten Wegekreuzung links auf den Oberförster-Sietz-Weg (roter Balken); vorbei am Pferdekopf in westliche Richtung bis zum Stern (Wegekreuzung), hier scharf rechts und auf der Molkenhauschaussee (11D, grünes Viereck) entlang bis links der Weg 22B/roter Punkt abbiegt; diesem folgen; kurz danach an der Gabelung rechts (21A) zur Steinernen Renne (Gasthaus); von hier auf der Bielsteinchaussee (Fahrstraße) hinab nach Wernigerode; am Betrieb „Wernigeröder Batteriedienst“ entweder rechts vorbei zur HSB-Bahnstation Hasserode oder nach links bis zum Floßplatz (Bushaltestelle).

Drei Annen Hohne: siehe Wanderung 26
Glashüttenweg: siehe Wanderung 23
Trudenstein: markanter Felsen unter der Hohne, vermutlich von Trute (Zauberin, Hexe) abgeleitet
Jacobsbruch: siehe Wanderung 24
Steinerne Renne: Gaststätte und Kaskadenwasserfall.

Brockengebiet

Wernigerode • Brocken

Von Wernigerode zum Brocken 28

Wernigerode - Thumkuhlental - Hohnebruch - Glashüttenweg - Brockenbett - Brockenchaussee - Brockengipfel

32 km • 10 h
30 J
22 D
55 E

Vom Floßplatz Hasserode (OT von Wernigerode) in Richtung Schierke die Chaussee aufwärts bis zum Lossendenkmal; hier einbiegen in das Thumkuhlental, der Weg 30J/rotes Kreuz führt stetig ansteigend bis zur sogenannten DRK-Hütte (Bergwacht) unterhalb des Ottofelsens; von hier aus halblinks (22D/grüner Punkt) in Richtung Drei Annen Hohne weiter; wenig später zweigt rechts ein Weg ab, der nicht ausgeschildert ist; diesen Weg entlang, durch den Hohnebruch hindurch bis zum Hohnekopf mit der Skiliftanlage; an der Wegegabelung geradeaus direkt auf den Hohnekopf zu; in Höhe der Talstation des Lifts an der Hütte vorbei geradeaus (Anstieg); dem Weg durch den Hochwald folgen; schließlich den Glashüttenweg (55E/roter Balken) entlang - rechts liegt jetzt der Hohnekopf und links der Wormkegraben - bis zum Trudenstein; gerade den Weg weiter bis zur Wormke (fließt um den Erdbeerkopf herum), ihr ein Stück durch den Jacobsbruch folgen, vorbei an den Resten der ehemaligen Glashütte und links über die Wiese hinauf; hier trifft man wieder auf den Glashüttenweg; diesen entlang bis zum Brockenbett und von hier über die Brockenchaussee auf den Gipfel.
Zurück mit der Brockenbahn oder zu Fuß entweder die Brockenstraße entlang oder durchs Eckerloch (Wanderung 23) nach Schierke und von hier mit dem Linienbus, der Harzquerbahn oder zu Fuß zurück nach Wernigerode.

Lossendenkmal: ehrt Prof. Dr. Karl August Lossen für seine Arbeit als Landesgeologe bei der geologischen Erforschung des Harzes; vom “Naturwissenschaftlichen Verein des Harzes zu Wernigerode” am 17.10.1896 enthüllt
Trudenstein: siehe Wanderung 27
Jacobsbruch: siehe Wanderung 24
Glashüttenweg: siehe Wanderung 23
Wormkegraben: Name vermutlich von “warm beke”

(Warmwasser); Graben zweigt Wasser von der Wormke unter dem Erdbeerkopf ab, führt es in den Zillierbach, um diesem für den Mühlenbetrieb mehr Kraft zu verleihen (bereits im 12. Jh erwähnt).

29 Von Elend zu den Schnarcherklippen

Elend - Helenenruh - Unterschierke - Schnarcherklippen - Gestellweg - Elend

7 km • 2,5 h

Von der Bushaltestelle (Ortsmitte, gegenüber den Wohnblöcken) den Weg neben den Wohnblöcken ins Elendstal; kurz hinter der Unterführung rechts auf dem steil aufwärts führenden Fußweg bis zur Helenenruh (Blick über Schierke zum Brocken); von hier den Weg weiter und abwärts nach Schierke (grüner Punkt). Ab hier ein Stück auf der alten Wernigeröder Straße durch Unterschierke bis an den Fuß des Kirchberges; hier links abbiegen und über die Bodebrücke zum Café “Bodeblick”; daneben führt eine Treppe aufwärts und mündet bald in einen Weg, der durch die Villensiedlung “Barenberg” hinauf bis zum Waldrand führt; ab hier der verbalen Ausschilderung in Richtung Mäuseklippen oder Braunlage über Kaffeehorst folgen, bis der Gestellweg den bisherigen Weg kreuzt; links einbiegen bis zu den Schnarcherklippen (Abstecher; Blick über das Schierker Tal zum Brocken); zurück zum Gestellweg und auf diesem dann zurück nach Elend.

Elend: Ilsenburger Mönche, die einst über den Harz nach Rom pilgerten und etwa an der Stelle der Elendsburg rasteten, hatten damit den Klosterboden verlassen und befanden sich im Ausland, lateinisch „eliendi“, woraus der ärmlich klingende Ortsname entstand
Schnarcherklippen: zwei dicht nebeneinander stehende Felsen, zwischen denen bei heftigem Südostwind Töne entstehen, die entfernt an ein Schnarchen erinnern; Goethe besuchte sie wegen ihrer Magnetanomalie und verewigte sie im “Faust” (Hinweistafel an der Schutzhütte)

Von Braunlage nach Bad Lauterberg 30

Braunlage - Forellengrund - Kaiserweg - Kapellenfleck - Glasekopf - Oderstausee - Staumauer - Bad Lauterberg

19 km • 6 h
30 D
31 D
12 U
12 F

Vom Schützenhaus Braunlage der Wegemarkierung 30D/gelbes Dreieck folgen bis zum Forellengrund und von diesem weiter bis zum Kaiserweg; Kaiserweg entlang bis hinter den Kapellenfleck (blauer Punkt im weißen Dreieck/gelbes Dreieck); an der zweiten Wegekreuzung hinter dem Kapellenfleck den Kaiserweg nach rechts verlassen (31D/gelbes Dreieck) und in südwestliche Richtung über den Glasekopf und den Großen Espentalskopf westlich vom Stöberhai zum Jagdkopf; weiter 12U/gelbes Dreieck bis zum Oderstausee und an dessen Ufer entlang bis zur Staumauer; links von der Staumauer halten (12F/blaues Dreieck) bis

zur Fahrstraße kurz vor Bad Lauterberg (hier verläuft auch der Damm der ehemaligen Bahnstrecke Bad Lauterberg - St. Andreasberg); weiter parallel zur Straße nach Bad Lauterberg; zurück mit dem Bus.

> *Kaiserweg:* siehe Wanderung 15
> *Oderstausee: 6 km langer See von bis zu 30 Millionen Kubikmeter Wasser, der sich hinter der 1930-33 erbauten Odertalsperre staut, dient der Elektrizitätsgewinnung, Wassersport erlaubt*

Von Hohegeiß auf den Kaiserweg 31

Hohegeiß - Dicke Tannen - Wolfsbachtal - Neuer Teich - Steinbachtal - Sprakelbachtal - Wäschetal - Kaiserweg - Wagnerskopf - Wanderrastplatz (ehem. Bahnstation) - Pumpergasse - Nullpunkt - Ebersbergstraße - Bechlerstein - Sportplatz Hohegeiß

18 km • 6 h
29 D
31 L
31 D

Von Hohegeiß („Müllers Hotel") zu den Dicken Tannen und im Wolfsbachtal (29D/rotes Dreieck) weiter zum Neuen Teich; im Steinbachtal abwärts bis zur Fahrstraße Zorge-Braunlage; Straße überqueren; über den Sprakelbach, rechts wenige Meter am Bach aufwärts und vom Sprakelbachtal weiter aufwärts auf schmalem Weg zum Wäschetal (29D/rotes Dreieck); das Tal aufwärts den Schildern „Wäschekopf" folgen bis zum Kaiserweg. Auf dem Kaiserweg (31L) rechts in Nordrichtung zum Wagnerskopf (Abstecher lohnt, schöne Aussicht); auf dem Kaiserweg weiter bis zum Parkplatz mit Schutzhütte (ehem. Bahnstation „Kaiserweg"); Straße überqueren; auf dem Forstweg bis Wanderweg 31D/gelber Punkt. Auf dem Weg rechts halten; Fahrstraße Braunlage-Wieda überqueren und zum Nullpunkt; von hier über die Ebersbergstraße zum Bechlerstein und an der Heimathütte vorüber zum Sportplatz Hohegeiß.

Kaiserweg: siehe Wanderung 15
Hohegeiß: heilklimatischer Kurort, höchstgelegener Ort im Harz (642m), Walkenrieder Mönche errichteten 1444 hier die Elendskapelle „Zum heiligen Geist", Ortsname davon abgeleitet; später Bergbau

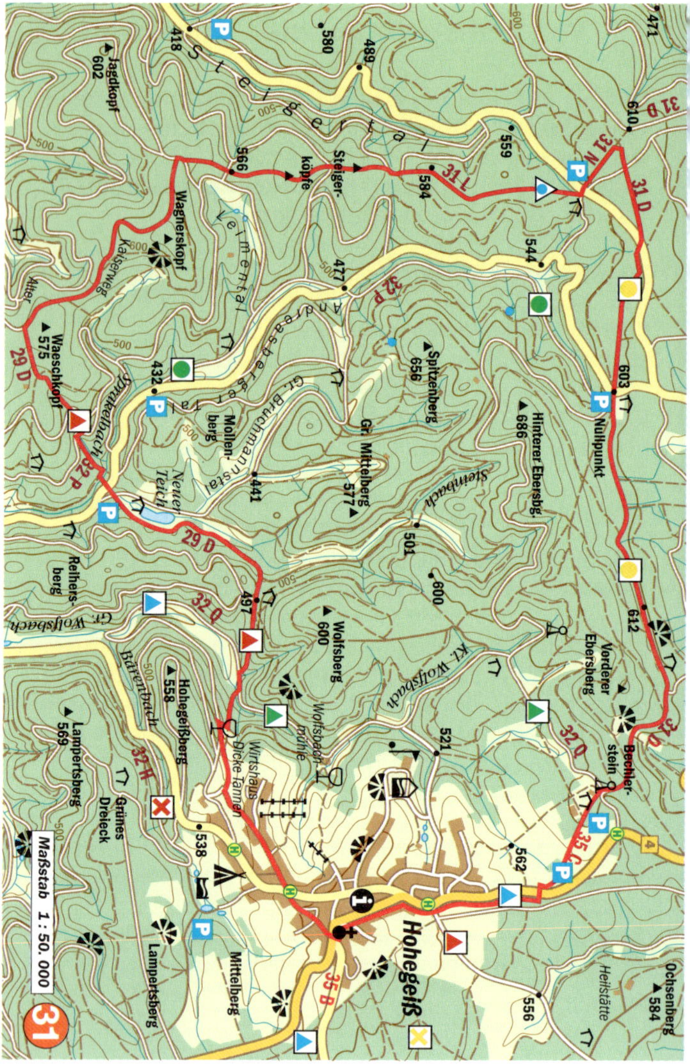

Hohegeiß
Maßstab 1 : 50.000
31
Steigertal
Leimental
Andreasberger Tal
Gr. Bruchmannstal
Nullpunkt
Hinterer Ebersbg.
Vorderer Ebersberg
Bechlerstein
Spitzenberg
Gr. Mittelberg
Wolfsberg
Wolfsbachmühle
Wirtshaus Dicke Tannen
Hohegeißberg
Lampertsberg
Grünes Dreieck
Mittelberg
Ochsenberg
Heilstätte
Waeschkopf
Wagnerskopf
Jagdkopf
Steigerköpfe
Mollenberg
Neuer Teich
Reihersberg
Gr. Wolfsbach
Kl. Wolfsbach
Steinbach
Bärenbach
Spükelbach
Kaiserweg

Wandern auf der Harzhochfläche

Die Staumauer der Rappbodetalsperre

Die an das Brockenmassiv nach Osten hin angrenzende Hochfläche des Unterharzes erstreckt sich von Bennekkenstein (Großer Rappenberg) bis nach Elbingerode und führt über Rübeland und Hüttenrode im Norden nach Allrode und Friedrichsbrunn, schließt das Selkegebiet mit Mägdesprung, Alexisbad, Harzgerode ein und spannt einen weiten Bogen über den Auerberg nach Breitenstein, Stiege, Hasselfelde und Trautenstein.
Die Höhe des Gebietes schwankt zwischen 240 und 260 m und steigt nach Westen hin zum Brockengebiet allmählich bis auf 600 m an. Auf der Hochfläche gibt es eine Reihe von Erhebungen (Härtlinge) als Einzelberge oder als langgezogene Rücken. Sie liegen im Bereich des Brokkengranitmassivs. Die meist tief eingeschnittenen, steilwandigen Flußtäler (Bode, Selke, Thyra, Wipper, Behre u.a.) zählen zu den schönsten Teilen des Harzes. Weite helle Buchenwälder dehnen sich neben Misch- und Fichtenwäldern aus. Bergwiesen (stehen unter Naturschutz) und Bergweiden sind ebenso anzutreffen wie Äcker mit kärglichen Erträgen.
Stauseen (bedeutendstes Talsperrensystem ist das der Rappbode) sowie kleinere Teiche lassen die Landschaft hier aufleben und bringen dem Wanderer zusätzliche Abwechslung. Auch in diesem Harzgebiet war der Bergbau fast überall zu finden; Rudimente, Besucherbergwerke und Museen künden davon.

32 Auf dem Weg der deutschen Kaiser und Könige

Der Weg der deutschen Kaiser und Könige wurde anläßlich des 96. Deutschen Wandertages 1996 in Wernigerode eröffnet. Inzwischen ist er aufwendig als Lehrpfad ausgebaut und auch in seiner Streckenführung erweitert worden. Der Weg knüpft jetzt an den Kaiserweg im Norden an und führt von Goslar und Wernigerode über Elbingerode und Rübeland bis Eggeröder Brunnen, weiter über Kloster Michaelstein, Westerhausen, Quedlinburg, Thale, Stecklenberg und Harzgerode bis Tilleda.
Der Weg soll an die Epoche erinnern, als der Harz politisches und ökonomisches Zentrum zur Zeit der sächsischen und salischen Könige und Kaiser war.
In der folgenden Wanderung wird der mittlere Bereich des Geschichtslehrpfades beschrieben.

Wernigerode - Schloß - Annaweg - Voigtstieg - Eisergrund - Hartenberg - ehemalige Jagdpfalz Bodfeld - Elbingerode - St.-Andreas-Kirche - Königshütte - Königsburg - ehem. Trogfurter Brücke - Birkenfeld - Rübeland - Kreuztal - Eggeröder Brunnen - Volkmarskeller - Kloster Michaelstein - Blankenburg

50 km
39 F
48 K
29 H
36 A

Von Wernigerode einen der ausgeschilderten Wege zum Schloß Wernigerode (Besichtigung lohnend); von hier Richtung Christianental bis zum Efeuhaus; hier aufwärts am Bärenzwinger vorbei steil ansteigend zum Wasserhäuschen auf dem Agnesberg (anstrengendstes Stück; schöner Blick auf das Schloß, auf Wernigerode und bis zum Brocken); nun auf dem Annaweg durch den „Tiergarten“ bis zum Schönen Eichenplatz. (Rechts führen die Treppen hinab zum Wildpark Christianental und zurück zur Stadt. Der Weg links hinab führt zum „Wernigeröder Schützenhaus“ und über den Lustgarten zurück zur Stadt.)
Vom Schönen Eichenplatz immer weiter auf dem Annaweg (von ihm schöne Ausblicke in das Tal); um den Henkersberg herum und hinab zum Voigtstieg (Köhlerhüttenanlage); durch den Eisergrund weiter zum Hartenberg (ehem. Forsthaus, Abstecher nach rechts zum Besucherbergwerk „Büchenberg“ empfehlenswert) und zum Drei-

Schloß Wernigerode

herrenstein; hier links über die Fahrstraße bis zur Schutzhütte und Abstecher zur Ruine der ehemaligen Jagdpfalz Bodfeld (schwer zu finden: von der Schutzhütte nördlich den Forstweg ein Stück entlang und dann den schmalen Fußweg nach links). Zurück zur Schutzhütte, wo die Route erneut abgekürzt werden kann: nach links zum Eggeröder Brunnen (28B/roter Punkt); von dort (25A/gelbes Viereck) über Volkmarskeller und Michaelstein nach Blankenburg; mit dem Bus nach Wernigerode).
Die Wanderung führt von der Schutzhütte weiter in südliche Richtung über eine freie Fläche; rechts am Galgenberg vorbei nach Elbingerode (11km; ab hier könnte mit dem Bus zurückgefahren werden).
Durch Elbingerode in südliche Richtung zur Schloßruine und an dieser auf unbefestigter Straße (39F/grünes Viereck) über eine Freifläche am Kalksteintagebau vorbei zum Wald; im Wald rechts den Fußweg (grüner Balken) zur Ruine der ehem. Kirche St. Andreas und dann hinab nach Königshütte. Von hier könnte man mit dem Bus nach Wernigerode zurück.
Die Wanderung geht nun ein Stück durch Königshütte hindurch Richtung Tanne; vor dem Ortsausgangsschild (gegenüber vom Holzbetrieb) auf einer schmalen Brücke über die warme Bode und steil hinauf zur Königsburg (Weitblick bis zum Brocken); von hier schräg hinab zur Überlei-

tungssperre Königshütte und auf dem Uferweg bis zum Staudamm; im Tal dann am Ufer der Bode weiter (48K/ blaues Dreieck) bis ein schmaler Fußweg zum Bielstein steil hinauf abzweigt; oben auf der Fläche in östliche Richtung weiter bis der Weg sich gabelt; halblinks abwärts und in dem kleinen Tal den Fahrweg hinauf bis zum Schützenplatz und zur Ruine Birkenfeld. Wer nicht über den Bielstein wandern möchte, bleibt auf dem Weg (blaues Dreieck); dann vor der Gaststätte „Höhlenrestaurant“ rechts steil hinauf zur Burgruine.
Von der Ruine Birkenfeld steil hinab und über die Bodebrücke; Überqueren der Fahrstraße und an der Gaststätte hinauf (29H/grüner Punkt) auf die baumlose Hochfläche; zwischen Wiesen entlang erst ansteigend, dann abfallend zum Eggeröder Brunnen; von diesem durch den Klostergrund bis zum Volkmarskeller (26A/gelbes Viereck); weiter im Klostergrund leicht abwärts an den Fischteichen vorbei bis zum Kloster Michaelstein; durch das Gelände des ehemaligen Klosters bis zur Fahrstraße; von dort mit dem Bus nach Wernigerode oder Blankenburg.

Schloß Wernigerode: erstmals 1213 als castrum erwähnt, Wernigeröder Grafen seit 1221 urkundl. bekannt; letzter großer Umbau 1862-1880 zum Repräsentationsschloß; heute Museum
Annaweg: benannt nach Gräfin Anna, Gemahlin des Grafen Otto zu Stolberg-Wernigerode (1858-1896), Weg führt vom Agnesberg in vielen Windungen oberhalb des Mühlentals entlang, geht in den Kaiserweg (Tafel) über und steigt zum Voigtstieg hinab; früher auch Oberer Röhrenweg genannt (Trasse der ehemaligen Wasserleitung vom Eierberg unterhalb des Büchenbergs zum Schloß)
Voigtstieg: ehem. mittelalterlicher Hohlweg vom Ausgang des Mühlentals steil nach Elbingerode; Name wohl nach dem Vogt von Elbingerode, der auf diesem Weg nach Wernigerode gekommen sein soll; 1718 dort Marmormühle, jetzt Forsthaus
Hartenberg: Forstort an der ehem. Braunschweig-Elbingeröder Grenze; benannt nach dem Bestand an hartem Holz, Harzer nannten Eichenwald auch Hartenwald; ehem. Bergbaugebiet, Zechenhaus wurde Waldwärterwohnung, Forsthaus abgebrannt.
Jagdpfalz Bodfeld: geringe Spuren, nach neuesten

Erkenntnissen wohl hier an dieser Stelle (Trecktal); Jagdpfalz Bodfeld war beliebte Jagdpfalz von Heinrich I., Otto I., Otto II., Otto III. und Heinrich III., der hier 1056 starb

Schloß Elbingerode: Ruine am Südrand Elbingerodes; 1194-1206 erbaut in Verbindung mit dem Königsstieg, der zur Trogfurter Brücke und weiter nach Süden führte; 1220 als Villa bzw. Burg bezeichnet; 1514 unter den Grafen von Wernigerode zum Renaissanceschloß umgebaut, 1739 Abbruch

St.-Andreas-Kirche: in einem noch erkennbaren Wall Reste der einstigen Kirche; hier wurde früher die Jagdpfalz Bodfeld vermutet

Königsburg: Ruine; Teile des Turmes und Reste von Gräben und Mauern erkennbar; 1312 erste urkundl. Erwähnung („castrum Konigshof“); 1898-1901 Ausgrabungen

Überleitungssperre Königshütte: gehört zum Rappbodetalsperrensystem; 1,2 Millionen Kubikmeter Speichervermögen

Birkenfeld: Burgruine, Teile des Turmes, Mauern und Grabenreste vorhanden, verm. Schutzburg, 1134 Werner von Berkefelde bekannt, lange im Besitz des Hochstiftes Halberstadt, mindestens seit 1654 Ruine

Rübeländer Tropfsteinhöhlen: zwei deutschlandweit bekannte Schauhöhlen (Baumannshöhle,1536 entdeckt, Hermannshöhle,1866 entdeckt); Bielsteinhöhle nicht mehr zugänglich

Eggeröder Brunnen: bereits im 8./9. Jh. hier Eisenerzgrabungen und Verhüttung im Rennfeuerbetrieb; ehem. altes Braunschweiger Forsthaus, heute kleine Siedlung

Volkmarskeller: in der Höhle urspr. eine Klause, wo die Klausnerin Luitgard und später der Klausner Volkmar hausten; danach ein kleines Kloster der „Volkmarsbrüder“; als das Kloster zu klein wurde, zogen sie zum Talausgang (Kloster Michaelstein)

Kloster Michaelstein: ehem. Zisterzienserkloster (12. Jh.), frühgot. Kreuzgang, romanischer Torturm, im Bauernkrieg stark beschädigt; heute Sitz d. Institutes f. Aufführungspraxis der Musik des 18. Jhs.; Konzerte, Instrumentenmuseum, Klostergarten

Der Verlauf des Wanderweges „Deutsche Kaiser und Könige“

Von Altenbrak zur Rappbodetalsperre 33

Altenbrak/Bodebrücke - Schöneburg - B 81 - Sperrmauer - B 81 - Roter Stein - Stemberghaus - Marschleber Tal - Großes Mühlental - Altenbrak

12 km • 4 h
38 D

Von Altenbrak (Ortsmitte, gegenüber Hotel „Brauner Hirsch") über die Bodebrücke und sofort am Ufer der Bode rechts entlang am Hang ein Stück Richtung Wendefurth; in Höhe der alten Wasserbrücke der ehem. Holzschleiferei Eickhoff (heute Gaststätte, Hotel) links den Fußweg aufwärts zur Schöneburg (Aussichtspunkt, Blick ins Bodetal); von der Schöneburg den Waldweg weiter in westliche Richtung bis zur B 81; diese überqueren und am Hotel „Zur Talsperre" vorbei (38D/blaues Dreieck) zur Staumauer (vorher Blick auf den Wendefurther Stausee mit dem Pumpspeicherwerk); auf der Staumauer entlang (Blick an der Staumauer hinab und über Wendefurther Stausee und Rappbodestausee) und durch den Straßentunnel; dahinter rechts hinauf zur Aussichtsplattform (Tafeln mit Erklärungen zum Talsperrensystem der Rappbode; Blick über beide Stauseen). Zurück bis zur B 81 und in Richtung Hasselfelde weiter (Achtung: Straße!); nach ca. 500 m rechts (gelbes Dreieck) durch den Wald zum Roten Stein (Blick auf den Stausee); zurück Richtung B 81 auf dem Weg gelbes Dreieck bis der Weg grünes Viereck abzweigt; auf diesem weiter die B 81 überquerend zum Stemberghaus (Köhlerei, Museum, Gaststätte); von hier dem grünen Viereck weiter folgend durch das Marschleber Tal und das Große Mühlental nach Altenbrak zurück.

Rappbodetalsperre: 1952-59 gebaut; zweitgrößte deutsche Gewichtsstaumauer, Höhe 90 m, Kronenlänge 415 m, bei Vollstau bedeckt der See eine Fläche von 390 ha, Fassungsvermögen 1,7 Mio. Kubikmeter; Länge des Tunnels 220 m
Pumpspeicherwerk: seit 1967 in Betrieb, Leistung: 80 Megawatt
Harzköhlerei „Stemberghaus": ehem. Forsthaus, Gaststätte, Köhlerei, 1. deutsches Köhlereimuseum

34 Von Altenbrak zur Wendefurther Talsperre

Altenbrak - Todtenrode - Hasenteich - Almsfeld - Wendefurth - Bodetal - Altenbrak

12 km • 4 h
37 F
38 C

Von Altenbrak (Nähe Hotel „Brauner Hirsch") in nördliche Richtung (37F/ grüner Balken) aufwärts über den Hüttenberg nach Todtenrode; von hier auf schmalem Waldweg zum Forstort Hasenteich an der B 81 (grünes Dreieck); die B 81 überqueren und zur Gaststätte Almsfeld; in Höhe der

Gaststätte die Fahrstraße Hüttenrode-Altenbrak überqueren; Waldweg steil abwärts nach Wendefurth. Am Fuße der Staumauer zur B 81, diese überqueren und an der Bode entlang (38C/blaues Dreieck) zurück nach Altenbrak.

Todtenrode: ehem. Forsthaus, Köhlerei,Gaststätte
Almsfeld: ehem. Unterkunft und Sozialeinrichtung für die Bauarbeiter, die die Talsperre gebaut haben, später Motel, dann FDGB-Ferienheim; heute Hotel und Gaststätte

Um das Vorbecken der Hassel 35

Hasselfelde - „Hagenmühle" - Hüttenberg - Spitzkopf - Hasselvorsperre - Rabenklippen - Trageburg - Großes Mühltal - „Hagenmühle"

15 km • 5 h
39 F

Von Hasselfelde (Kirche) in Richtung Trautenstein bis links zum Supermarkt, an diesem vorbei und an Schule und Feuerwehr vorüber den Schildern „Hagenmühle" folgen; von der „Hagenmühle" (Hotel und Gaststätte; Parkplatz) nach Norden (gelber Balken); über die kleine Brücke und auf dem Naturlehrpfad in gleicher Richtung weiter (möglich auch Weg am Ufer des Vorbeckens der Hassel); Weg (gelber Balken) links zum Vorbecken; über den Staudamm und in westliche Richtung oberhalb des Ausläufers der Rappbodetalsperre am Hang entlang zu den Rabenklippen (Blick auf die Rappbodetalsperre); zurück und rechts abbiegen; rechts haltend bis zum Weg rotes Viereck; auf ihm kurz am Rande des Vorbeckens Rappbode entlang; dann leicht ansteigend und vom Wasser weg zur Trageburg (Aussicht). Von der Trageburg in östliche Richtung weiter durchs Große Mühlental, talaufwärts bis zum Wanderweg rotes Viereck; auf diesem nach rechts zur „Hagenmühle" zurück.

Hagenmühle: ehem. Wassermühle, heute Hotel
Trageburg: Bodendenkmal (13. Jh.), einst Schutzburg am Trockweg, eine der ältesten Harzstraßen, (heute zum Teil im Wasser der Rappbodetalsperre versunken)
Rabenklippen: Aussichtspkt., Flächennaturdenkmal

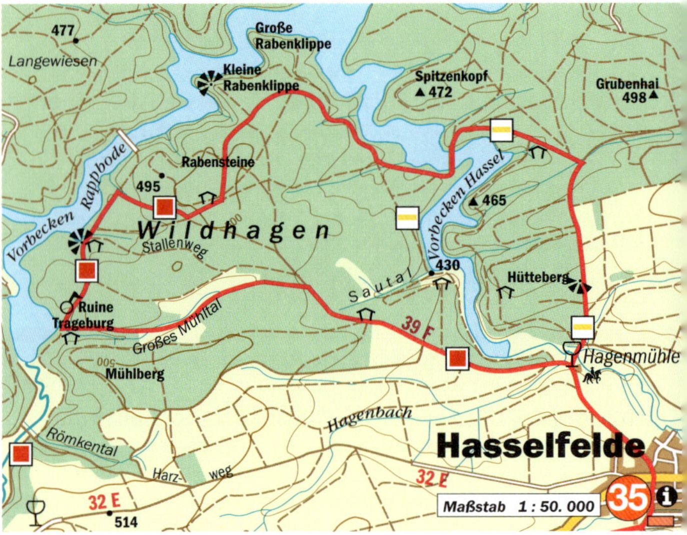

36 Tännichen und Radeweg

Hasselfelde - Tännichen - Radeweghaus - Bärenhöhe - Karlshaus - Rotacker - Sellegraben - Hasselfelde

15 km • 5 h

24 O

Rechts am Bahnhof vorbei und über die Gleise der Harzquerbahn (HSB) und in südliche Richtung über ein Stück freie Hochfläche zum Tännichen; an der Wegekreuzung geradeaus (roter Punkt) zur Straße; auf dieser nach rechts zum Radeweghaus (direkt an der B81; Parkplatz). Von diesem in westliche Richtung dem gelben Punkt folgen bis zum Abzweig gelbes Viereck; links halten und an der Bärenhöhe vorbei; auf dem Weg der von rechts kommt ein kurzes Stück links weiter und hinauf zum Aussichtsturm Karlshaus. Vom Karlshaus zurück zunächst auf gleichem Weg, dann aber nicht zum Radeweghaus, sondern der Markierung 24O/gelbes Viereck zum Rotacker folgen; weiter zum Waldseebad, hier Überqueren der B81 und am Sellegraben entlang nach Hasselfelde zurück.

Radeweghaus: ehem. Chausseehaus; höchster Punkt der Straße Blankenburg-Nordhausen
Karlshaus: Aussichtsturm, schöne Rundsicht

Durch das Birkenmoor 37

Bahnhof Stiege - Stieger Heide - Haltepunkt Birkenmoor - Försterei Birkenmoor - Großes Teichtal - Großer Jägergrund - Pfauenköpfe - Alte Eiche - Stiege

16 km • 5 h
42 D
39 D
42 E
47 M
47 L

Vom Bahnhof Stiege (Parkplatz vorhanden) über die Bahngleise in südliche Richtung auf dem Wanderweg 42D/grüner Balken entlang; über die freie Fläche (Stieger Heide) zum Wald; auf dem Weg weiter bis zum Haltepunkt der Selketalbahn „Birkenmoor"; von hier am Kleinen Kronsberg vorbei zur Försterei „Birkenmoor" (39D/42E/grüner Balken); dann leicht absteigend nach rechts in das Große Teichtal (47M/roter Punkt); durch dieses und den Großen Jägergrund; an der Wegegabelung dahinter rechts halten und ein kleines Stück entlang der Behre; dann links durch die Unterführung der

Harzhochfläche
Birkenmoor

Bahnstrecke und bergan bis zur Gabelung; hier rechts und vorbei an den Pfauenköpfen zur Alten Eiche (47L/grüner Punkt) und zum Ausgangspunkt zurück.

Försterei Birkenmoor: Försterei, ehemalige Poststation der Linie Braunschweig-Nordhausen
Alte Eiche: Naturdenkmal, 1000jährig

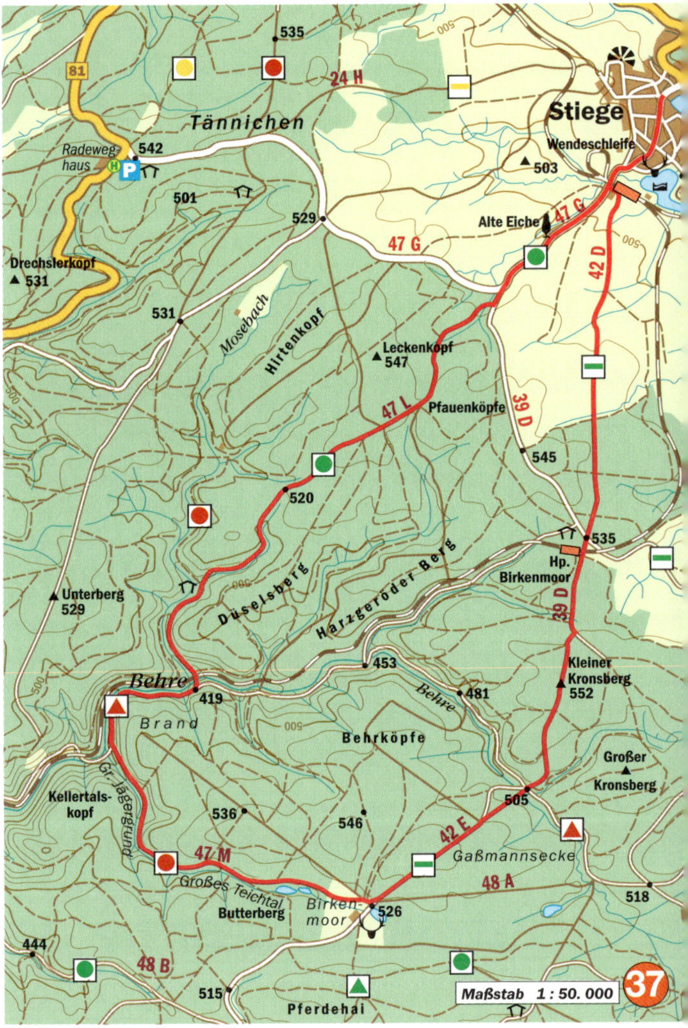

Über „Die Lange“ 38

Benneckenstein - Rappbode - Walzenhütte - Ochsenkopf - Trautenstein - Giepenkopf - Tanne - „Die Lange“ - Benneckenstein

17 km • 4,5 h
24 J
48 N
33 E
33 D

Von Benneckenstein (Parkplatz am Stadtende Richtung Trautenstein) Straße überqueren und vor den Bahnschienen nach links (24J/grüner Balken) hinab ins Tal der Rappbode; diese überqueren und leicht ansteigend zur Walzenhütte. Von hier den Wanderweg 48N/grünes Dreieck bis Trautenstein; rechts in den Ort hinein bis zur Bushaltestelle und links auf dem Tanner Stieg (33E/anfangs grüner Punkt) leicht ansteigend und dem blauen Kreuz folgend über den Giepenbachskopf zur B 242; diese überqueren und weiter auf dem Tanner Stieg bis nach Tanne. Vom Jägerborn (an den ersten Häuser von Tanne) links ab, an den Mühlrädern vorüber auf den Wanderweg 33D/grüner Balken (Lehrpfad); ansteigend bis zum Weg „Die Lange“. Wer abkürzen möchte, kann bereits vom Jägerborn dem grünen Kreuz folgen bis zum Weg „Die Lange“. Auf diesem Weg dann rechts nach Benneckenstein; am Parkplatz Alte Eiche (Rastplatz) auf schmalem Waldweg links zum Parkplatz (Ausgangspunkt) zurück.

Walzenhütte: ehemalige Eisenhütte, Rastplatz mit Schutzhütte
Die Lange: alte Verbindungsstraße zwischen Rübeland und Benneckenstein, auf ihr wurden Erze und Holzkohle zu den Hütten von Tanne und Rübeland transportiert
Mühlräder: alte Mühlenanlage mit Wasserlauf, kaum erkennbar

Maßstab 1 : 50.000
Hohegeiß
Benneckenstein
Sorge
Tanne
Trautenstein
Die Lange
Sandbrink
Heringstal
Grünegründchen
Flade
Reckental
Streithof
Ochsenberg
Rappbode
Schieferkopf
Hüttenkopf
Ochsenkopf
Butterkopf
Giepenbachs-kopf
Pfeiferberg

Über Sorge, Tanne und Alte Eiche 39

Benneckenstein/Bahnhof - Sorge - Tanne - Jägerborn - Heringstal - Die Lange - Alte Eiche

8 km • 2,5 h
29 E
33 E

Vom Bahnhof Benneckenstein (Parkplatz gegenüber) über die Schienen und von der Straße nach wenigen Metern links ab nach Sorge (roter Punkt); Überqueren der Harzquerbahnschienen und vorbei am Sandbrink (rechts) bis zum Weg Hohegeiß - Sorge; auf dem Weg 29E/rotes Dreieck nach rechts und leicht hinab nach Sorge, unterwegs und kurz vor Sorge Blick auf Brockenmassiv. Weg führt bis Ortsmitte und gegenüber Hotel „Sorgenfrei" nach rechts, parallel zur warmen Bode, nach Tanne.
Eine andere Route von Sorge führt über die Brücke und die Straße den Wiesenhang hinauf; dort auf dem Wiesenweg nach Tanne zum Hotel „Ferienglück"; hier nach rechts abwärts zur Straße (29F/gelber Balken).
Von Tanne geht es dann weiter rechts der warmen Bode (Tanne liegt links der Bode) am Hang entlang bis zum Jägerborn; aufwärts durchs Heringstal (grünes Kreuz) zum Weg „Die Lange". Auf diesem nach rechts zur Alten Eiche und dann links über die Straße zum Bahnhof zurück.

Sandbrink (565 m): Kieselschieferberg
„Die Lange": siehe Wanderung 38

Harzquerbahn-Zug am Bahnhof Benneckenstein

Wandern im östlichen Unterharz

Östlich der Linie Selketal-Straßberg-Stolberg erreicht das Gebirge nur noch Höhen von etwa 300 m und fällt gen Osten bis auf 150 m ü.NN ab. Während westlich der Linie noch der Porphyrklotz Großer Auerberg (Josephshöhe) 575 m bzw. 580 m und das Granitmassiv des Ramberg mit der Victorshöhe 582 m die Harzhochfläche überragen, gibt es nach Osten keine solche Erhebung mehr.
Rodungsflächen mit Landwirtschaft u.a. in den Gebieten um Dankerode-Königerode-Abberode sind hier neben großen Waldflächen, die vorwiegend aus Mischwald bestehen, zu finden. Weil kaum große Höhenunterschiede zu überwinden sind, lassen sich hier leichte Wanderungen unternehmen.
Reizvoll sind Wanderungen im Gebiet der Wipper. Sie ist neben der Selke der Hauptfluß des Unterharzes. Die Wälder des Mansfeld-Harzgeröder Berglandes gestalten sich hinsichtlich ihrer Baumbestände abwechslungsreich. Die Buchenwälder in den höheren Lagen werden nach unten von Traubeneichen-Buchenwäldern abgelöst.
Im Mansfelder Gebiet dominierte der Kupferschieferbergbau. Straßberg kann mit Recht als ein Zentrum bergbaulicher Museumslandschaft gelten. Zahlreiche Zeugen des historischen Silber- und Flußspatbergbaues wie Schächte, Halden, künstliche Wassergräben und Teiche sind zu finden, denkmalgeschützte technische Förderanlagen zu entdecken. Mehrere Bergbaulehrpfade informieren.

Burg Falkenstein im Selketal

Von Treseburg nach Friedrichsbrunn 40

Treseburg - Tiefenbachtal - Friedrichsbrunn - Dreieckiger Stein - Rennstieg - „Weißer Hirsch“ - Treseburg

14 km • 5 h
47 P
47 P
43 D
32 C

Von Treseburg (Ortsmitte) in östliche Richtung, am Hotel „Forelle“ über die Bodebrücke und hinter dem Hotel „Luppbode“ die Rappbode überqueren (ausgeschildert); auf dem Wanderweg ein kurzes Stück an der Luppbode entlang in Richtung Allrode bis zum Wanderweg, der links das Tiefenbachtal aufwärts führt (47P/gelber Balken). Einige Stollenmundlöcher in den links aufragenden Felsen erinnern hier an früheren Bergbau.
Der Wanderweg führt direkt nach Friedrichsbrunn; gleich an den ersten Häuser von Friedrichsbrunn wird in nördlicher Richtung (43D/gelbes Dreieck) die Fahrstraße Friedrichsbrunn-Thale am Parkplatz erreicht; Straße überqueren und parallel zur Fahrstraße zum Dreieckigen Stein (Straßenüberquerung); auf dem Rennstieg (32C/roter

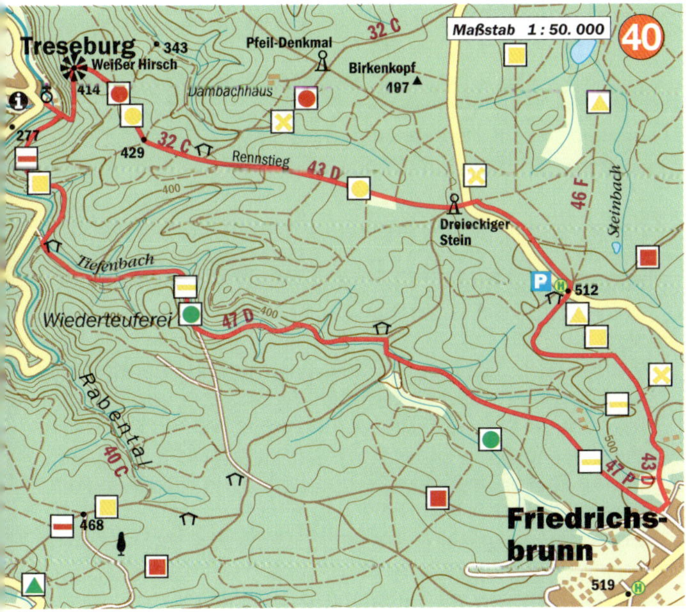

Punkt) zum „Weißen Hirsch“ (schöner Blick auf Treseburg und ins Bodetal); vom „Weißen Hirsch“ steil hinab nach Treseburg.

> *Treseburg:* kleiner Erholungsort an der Schleife der Bode oberhalb des Thaler Bodetales, am Zusammenfluß von Bode und Luppbode; durch Bergbau entstanden, ab 1530 Abbau von Kupfer- und Eisenerz, eine Hütte erstmals 1458 urkundlich erwähnt; Name geht auf die Treseburg zurück
> *„Weißer Hirsch“:* Aussichtspunkt, 130 m über dem Ort gelegen, kleiner Felsvorsprung

41 Von Friedrichsbrunn zur Lauenburg

Friedrichsbrunn - Thalenser Fahrstraße - Ochsenpfuhl - „Georgshöhe“ - Wurmtal - Ruine Lauenburg - Friedrichsbrunn

17 km • 5 h
43 D
46 F
51 D
51 B
45 C
44 J

Von der Ortsmitte Friedrichsbrunn (Bushaltestelle) die Straße gegenüber von der Kirche erst leicht abwärts, dann rechts halten (43D/gelbes Dreieck) und leicht aufwärts zur Fahrstraße nach Thale (Bushaltestelle und Parkplatz, auch möglicher Ausgangspunkt der Wanderung); Straße überqueren; Wanderweg 46F/gelbes Dreieck in nördliche Richtung gehen, am Trinkwasserspeicher vorbei zum Ochsenpfuhl; an diesem vorüber und weiter auf dem Wanderweg bis zur Fahrstraße; hier nach rechts auf dem Wanderweg 51D/gelbes Dreieck/blauer Punkt zur „Georgshöhe“ (Gaststätte).
Wanderweg 51B/blauer Punkt abwärts; an Glockenstein und Sommerklippe vorbei zum Wurmbach; von hier der Wegemarkierung 51B/blauer Punkt folgen bis zur Ruine der Lauenburg. Von der Ruine auf dem Wanderweg 45C/grüner Balken in südliche Richtung bis zur Wegekreuzung (Schutzhütte); Wegemarkierung grüner Balken/grüner Punkt folgen und auf der Alten Ramberger Straße (44J) entlang, die Fahrstraße Bad Suderode-Friedrichsbrunn überqueren und zum Ausgangspunkt zurück.

Glockensteine: glockenförmiger Granitfelsen, Naturdenkmal
Burgruine Lauenburg: beeindruckende Anlage; gehörte zu den größten Burgen des Harzes, vermutlich von Kaiser Heinrich IV. als Reichsburg gegründet, erstmals urkundlich erwähnt 1164

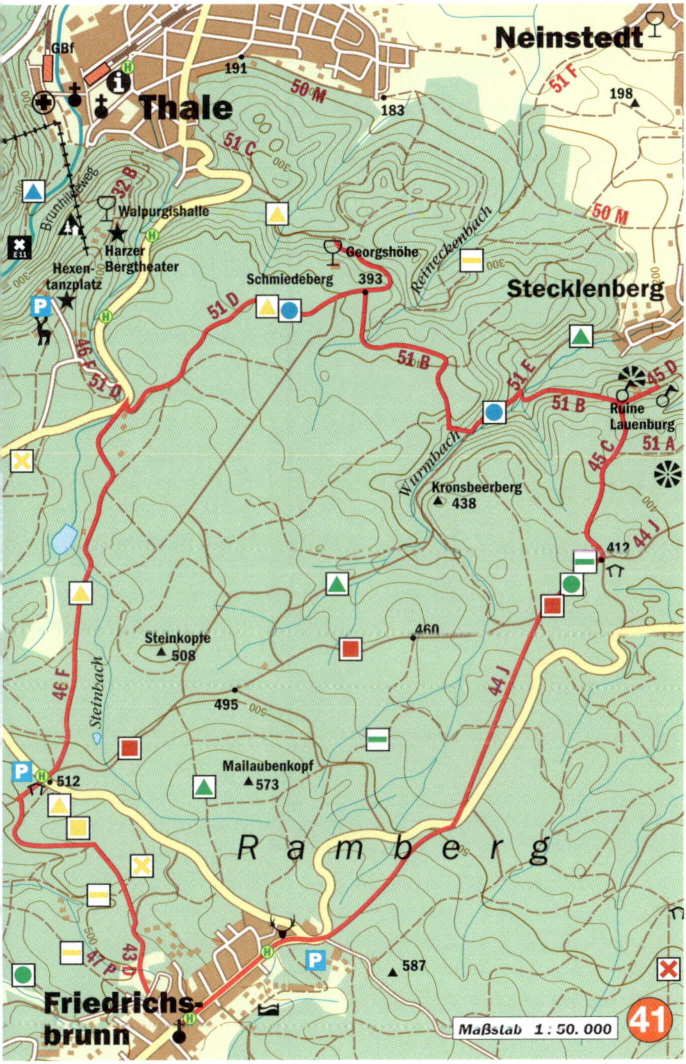

42 Von Friedrichsbrunn über „Sternhaus“ nach Gernrode

Friedrichsbrunn - Viktorshöhe - „Sternhaus“ - Haltepunkt Sternhaus/Haferfeld - Gernrode

10 km • 3,5 h
43 C
43 B
34 B/34 A

Vom nördlichen Ausgang des Ortes Friedrichsbrunn (Parkplatz an der Fahrstraße nach Bad Suderode) den Hinweisschildern „Viktorshöhe“ in süd-östliche Richtung bis zur Wegegabelung folgen; hinauf zur Viktorshöhe (43C/gelber Punkt); von der Viktorshöhe der Wegemarkierung 43B/grünes Viereck folgen und hinab bis zur Wegekreuzung, wo sich mehrere Wege treffen; auf dem Weg 43B weiter geradeaus bis zum „Sternhaus“ (Gaststätte); hier die Fahrstraße überqueren und links abbiegen (34B/grünes Kreuz) zum Haltepunkt der Selketalbahn Sternhaus/Haferfeld (Harzer Schmalspurbahn); Schienen und Fahrstraße überqueren und weiter zum Forsthaus Haferfeld; auf dem Wanderweg 34A/grünes Kreuz nach Gernrode. Zurück mit dem Bus.

Wer zurückwandern möchte, kann am südlichen Ortsrand dem roten Kreuz folgen und auf dem Heckenrosenweg und Schutzhüttenweg (44F/rotes Kreuz) über die Viktorshöhe Friedrichsbrunn erreichen.

Stiftskirche Gernrode

Sternhaus: ehem. Raststätte für Fuhrleute, Köhler und Waldarbeiter; später anhaltisches Jagdhaus; heute Gaststätte; hier treffen sich mehrere Wege aus allen vier Himmelsrichtungen

St. Cyriakus Gernrode: Stiftskirche des 961 gegründeten Damenstifts, dreischiffige, kreuzförm. romanische Emporenbasilika, beherbergt älteste erhaltene Nachbildung des Grabes Christi in Jerusalem

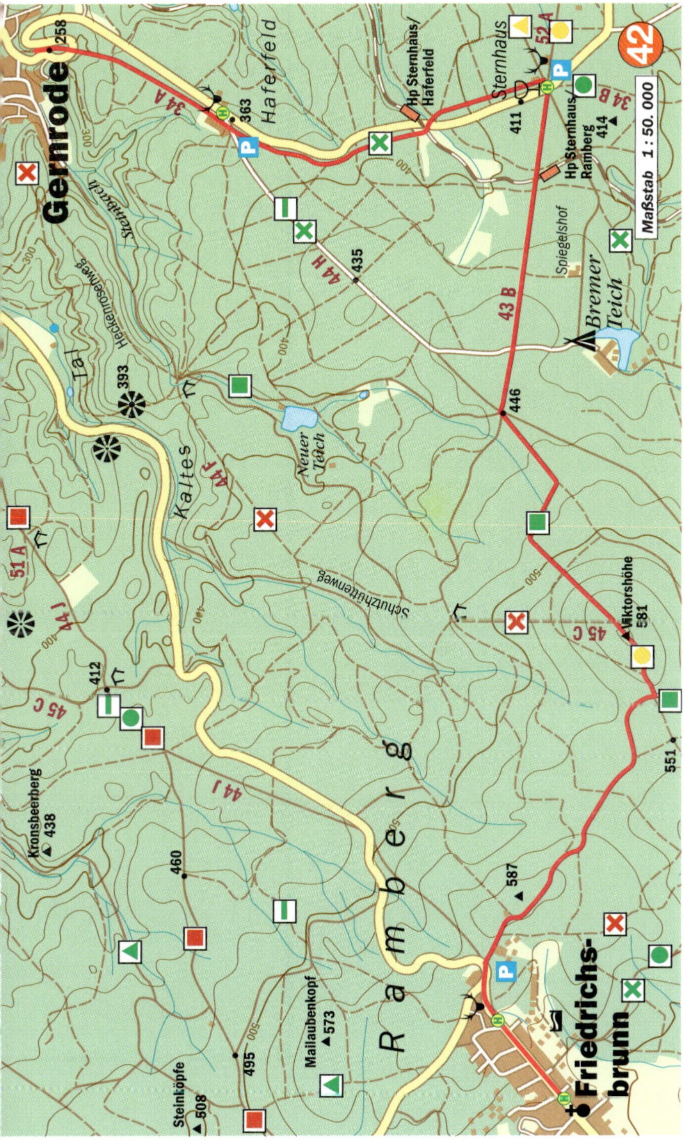

43 Von Friedrichsbrunn zum Bergrat-Müller-Teich

Friedrichsbrunn - Viktorshöhe - Bremer Teich - Bergrat-Müller-Teich - Friedrichsbrunn

13 km • 4.5 h
43 B
44 E
47 O

Vom Parkplatz am nördlichen Ortsausgang von Friedrichsbrunn zur Viktorshöhe (siehe Wanderung 42); von hier in nördliche Richtung der Wegemarkierung 43B/grünes Viereck bis zur Wegekreuzung (5 Wege) folgen; ein kurzes Stück Richtung „Sternhaus“ (43B) und dann rechts zum Bremer Teich

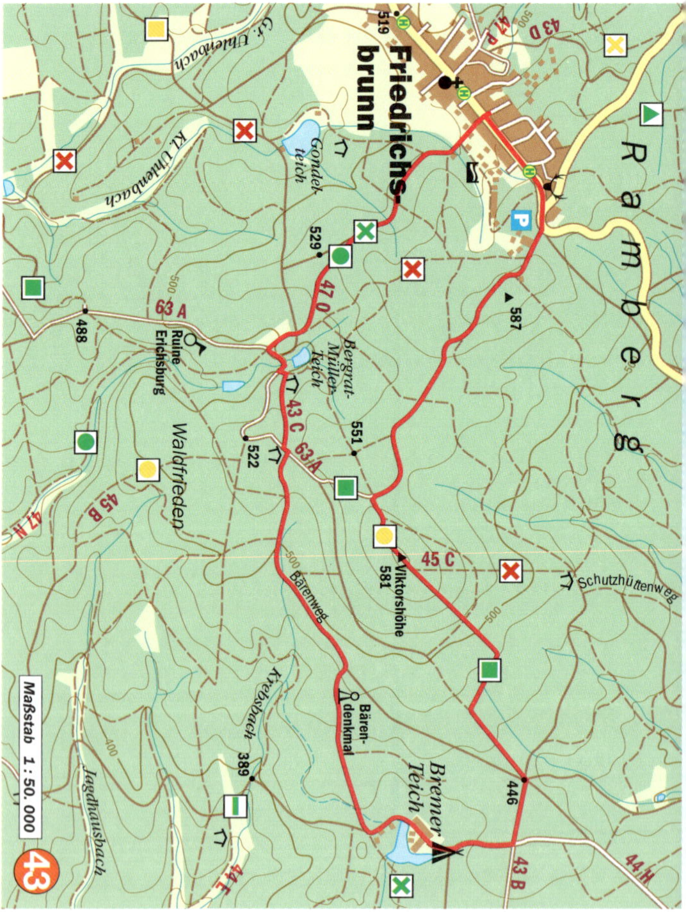

(44E/grüner Balken); westlich vorbei am Bremer Teich und am Campingplatz; an der Wegekreuzung rechts halten und zum Bärendenkmal (grünes Kreuz); auf dem Bärenweg (grünes Kreuz) zum Bergrat-Müller-Teich (Schutzhütte). Von hier der Wegemarkierung 47 O/grüner Punkt folgen und das letzte Stück über Wiesenfläche nach Friedrichsbrunn.

Friedrichsbrunn: 1775 als preuß. Siedlungsdorf gegründet; Name von Friedrich II. abgeleitet (der Sage nach habe er am Brunnen gerastet und beschlossen, hier ein Dorf zu errichten)
Viktorshöhe (582 m): Aussichtspunkt, 1829 Holzturm auf Anweisung Alexis v. Anhalt errichtet, nach Einsturz 1896 erneuert; Name nach Ahnherrn Alexis Viktor von Anhalt
Bärendenkmal: Hier soll im November 1696 der letzte Bär im Harz geschossen worden sein.

Von Bad Suderode über „Sternhaus“ nach Gernrode 44

Bad Suderode/Kurpark - Panoramaweg - Löffel - Grenzweg - Anhalt Saalstein - Spinne - Neuer Teich - Lange Allee - Sternhaus/Ramberg - Riedersche Trift - Osterteich - Gernrode - Bad Suderode

18 km • 6 h
50 O
43 B

Vom Kurpark auf dem Panoramaweg (50O/blauer Punkt) Richtung Gernrode bis zum Abzweig Löffel, Anhalt Saalstein und Preußenturm (Aussichtsturm, Blick in das Harzvorland); bergauf über den Löffel zum Grenzweg; auf diesem zum Anhalt Saalstein und links abbiegen zur Spinne (rotes Kreuz). Von der Spinne geradeaus (grünes Viereck) bis zum Neuen Teich; an diesem vorbei und zur Langen Allee (43B/gelber Punkt); links abbiegen und auf der Langen Allee bis zur Trasse der Selketalbahn (Harzer Schmalspurbahn) am Haltepunkt Sternhaus/Ramberg; an der Gaststätte „Sternhaus“ vorbei und halblinks auf die Riedersche Trift; diese abwärts (gelbes Dreieck) bis zum Abzweig Osterteich; zum Osterteich nach links (grünes Kreuz); links am Osterteich vorbei über Schwesternweg, Osterhöhe und Neue Straße zur

Ortsmitte von Gernrode (Besichtigung der Stiftskirche St. Cyriakus empfehlenswert); an der Kirche vorbei nach Bad Suderode.

Sternhaus: siehe Wanderung 42
Anhalt Saalstein: Felsen (Kanzel), schöner Blick ins Kalte Tal und zum Preuß. Saalstein
Stiftskirche St. Cyriakus: siehe Wanderung 42

45 Durchs Selketal zur Burg Falkenstein

Mägdesprung - Herzog-Alexius-Erbstollen - „Selkemühle“ - „Zum Falken“ - Burg Falkenstein - Eckartsberg -Meisdorfer Trift - Hohe Warte - Leimuferstraße - Selkemühle - Mägdesprung

Von Mägdesprung aus in das Selketal und der Markierung 44D/blauer Punkt zur Selkemühle folgen (ca. 5 km / auch möglich mit dem Auto bis hierher, Parkplatz vorhanden).

26 km • 8,5 h
44 D/44 C/
44B
47 A

Der Wanderweg führt an der Selke entlang, vorbei am Ersten, Zweiten und Dritten Friedrichshammer; bei der Einmündung des Schiebecksbaches liegt der Herzog-Alexius-Erbstollen. Es geht vorüber am Vierten Friedrichshammer selkeabwärts; allmählich weitet sich das Tal, links über den Berghängen liegt das ehem. Jagdschloß Meiseberg (heute Gaststätte); an der „Selkemühle“ (Gaststätte und Hotel) Abstecher zur Ruine Anhalt möglich: über die Selke und der Beschilderung folgen. Von der „Selkemühle“ weiter selkeabwärts (44C/blauer Punkt) am Ufer und den Wiesen der Selke entlang, an der Talmühle vorbei bis zur Gaststätte „Zum Falken“; gegenüber der Gaststätte führt ein Weg steil aufwärts zur Burg Falkenstein (ausgeschildert). Den gleichen Weg zurück bis zur Gaststätte; hier dem Weg 44B/blauer Punkt weiterfolgen und am gegenüberliegenden Hang empor zum Eckartsberg; an der Wegekreuzung nach links auf die Meisdorfer Trift (roter Punkt, bequemer breiter Weg); Abstecher zur Falkensicht (ausgeschildert, schöner Blick ins Selketal und zur Burg Falkenstein; auf der Meisdorfer Trift weiter bis zur Hohen Warte und auf der Leimuferstraße (47A/roter Punkt) abwärts zur „Selkemühle“ und von dieser nach Mägdesprung zurück.

Mägdesprung: phantasievoller Name nicht von der Magdtrappe abgeleitet, sondern von der am Zirlberg entspringenden Ernaquelle (Sprung = Quelle); Ort war berühmt wegen seines Kunstgusses (Tierplastik „Der besiegte Hirsch“ von 1895 am ehem. Hüttengebäude)
Jagdschloß Meiseberg: 1770 erbaut, diente den anhaltischen Fürsten als Jagdhaus, heute Gastwirtschaft
Herzog-Alexius-Erbstollen: 1836-1863 erbaut; diente der Wasserlösung und der Erschließung neuer Erzvorkommen; Gesamtlänge des Stollenvortriebs beträgt 2,5 km; bemerkenswerte 6 m hohe Eisensäulen am Vorbau (von Schinkel im klassizistischen Stil entworfen und in Mägdesprung gegossen)
Selkemühle: Standort der Leimufermühle (daher noch Leimuferstraße), Leim abgewandelt von Lehm, der am Selkeufer gewonnen und als wichtiger Baustoff über die Leimuferstraße nach Ballen-

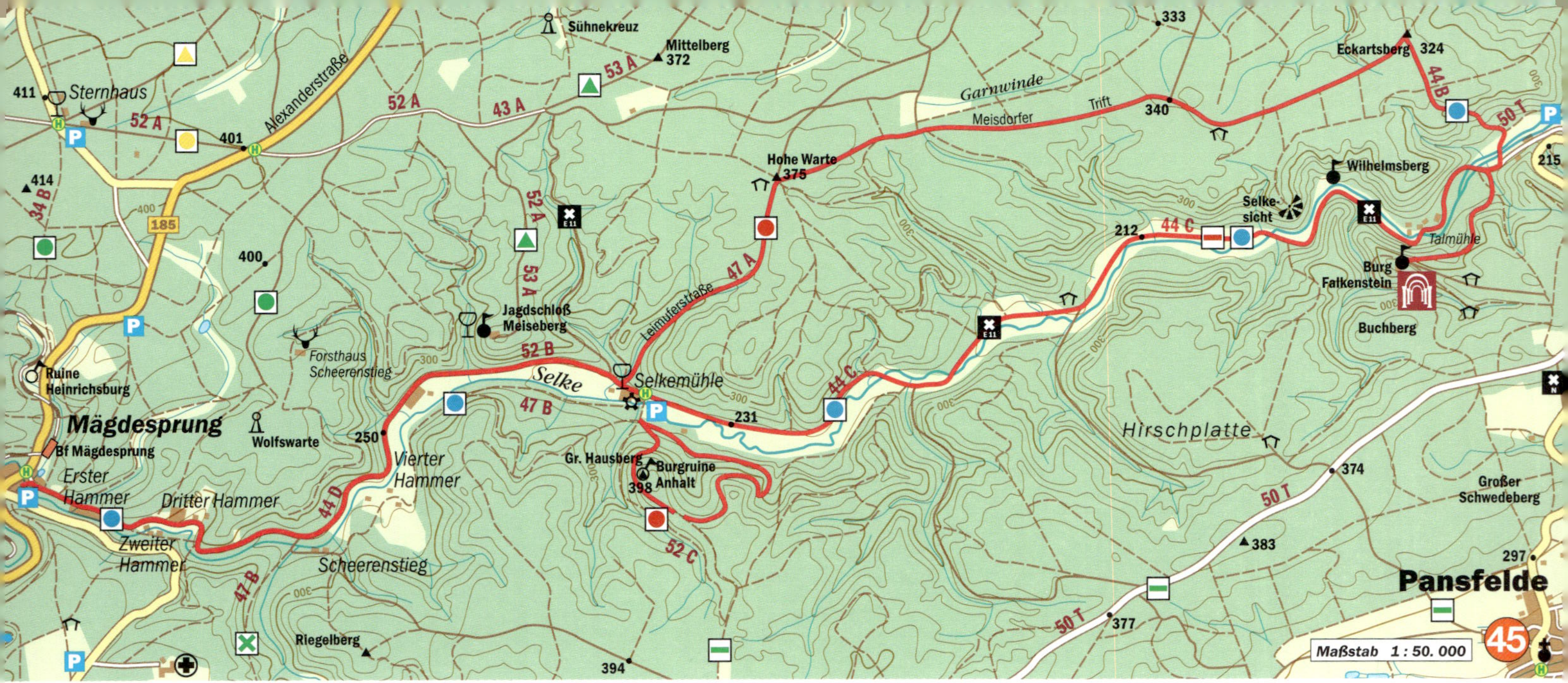
Mägdesprung
Bf Mägdesprung
Ruine Heinrichsburg
Sternhaus
Alexanderstraße
Erster Hammer
Zweiter Hammer
Dritter Hammer
Vierter Hammer
Wolfswarte
Forsthaus Scheerenstieg
Scheerenstieg
Riegelberg
Jagdschloß Meiseberg
Sühnekreuz
Mittelberg 372
Selke
Selkemühle
Leimuferstraße
Gr. Hausberg
Burgruine Anhalt
398
Hohe Warte 375
Meisdorfer Trift
Garnwinde
Hirschplatte
Eckartsberg 324
Wilhelmsberg
Selke-sicht
Talmühle
Burg Falkenstein
Buchberg
Großer Schwedeberg
Pansfelde
Maßstab 1 : 50. 000
45

stedt gebracht wurde (aus dem Lehm auch Ziegelsteine für den Bau der Burg Anhalt gefertigt).
Burg Anhalt: einstiger Stammsitz der Askanier; 1123 erbaut, bereits 1144 von den Sachsen zerstört, 1150 wieder aufgebaut; vermutlich bereits im 15. Jh Ruine geworden.
Burg Falkenstein: gilt als die besterhaltene mittelalterliche Burg des Harzes; 1118 erstmals als kaiserliche und 1152 als Burg der Falkensteiner erwähnt; Eike v. Repgow soll hier das Recht der Sachsen gesammelt niedergeschrieben und als „Sachsenspiegel" (bedeutendstes deutsches Gesetzbuch des Mittelalters) in der damaligen Volkssprache Niederdeutsch herausgegeben haben

Zum Forsthaus Wildenstall 46

Wippra - Morungen - Wettelrode - Forsthaus Wildenstall - Wippra

18 km • 6 h
66 D
67 A
65 A
65 B

Von Wippra ein kurzes Stück das Wippertal aufwärts in südliche Richtung bis zur Wegegabelung; hier der Wegemarkierung 66D/grüner Balken folgen und geradeaus bis zur Fahrstraße Wettelrode-Horla; einige Meter parallel zur Straße, dann diese überquoren und auf dem Wanderweg 66D/grüner Balken nach Morungen. Durch den Ort Richtung Wettelrode und auf dem Wanderweg 67A/gelber Punkt ein kurzes Stück bis zur Wegekreuzung; hier der Markierung roter Balken in Richtung Wettelrode folgen; Fahrstraße überqueren und zum Kunstteich (grüner Punkt); am Kunstteich vorbei und bis zur nächsten Kreuzung; auf dem Wanderweg 65A/grüner Balken zum Forsthaus Wildenstall; auf dem Weg 65B am Forsthaus vorüber zur Marieneiche und weiter über Eichberg und Lohkopf nach Wippra zurück.

Morungen: Ort benannt nach dem Minnesänger Heinrich v. Morungen (geb. um 1200, gest. 1222)
Wildenstall: Name erinnert an Pferdezucht, die im Mittelalter hier betrieben wurde (Wilde = Stuten)

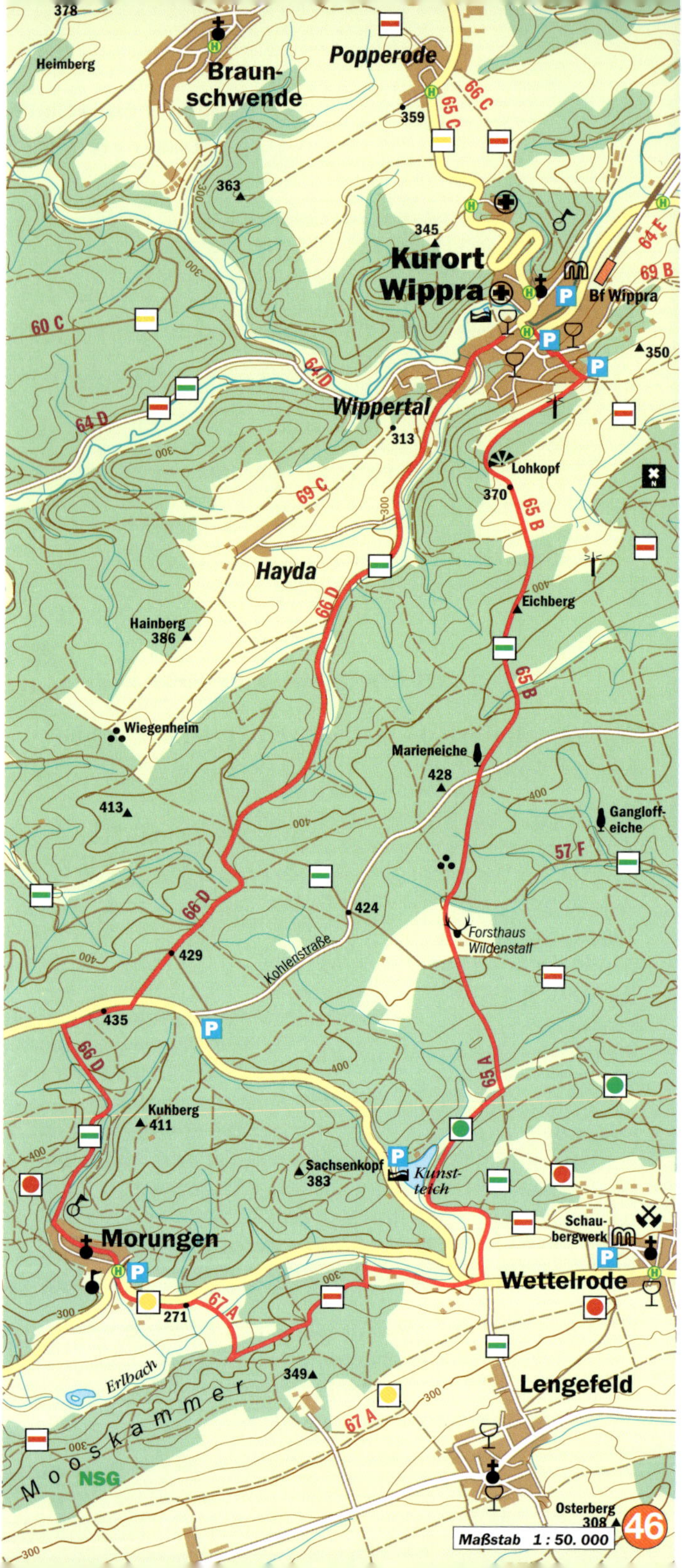
378
Heimberg
Braun-
schwende
Popperode
359
65 C
66 C
363
345
Kurort
Wippra
64 E
69 B
Bf Wippra
60 C
64 D
64 D
Wippertal
313
350
Lohkopf
370
65 B
69 C
Hayda
66 D
Eichberg
Hainberg
386
65 B
Wiegenheim
Marieneiche
428
413
Gangloff-
eiche
57 F
66 D
424
Forsthaus
Wildenstall
429
Kohlenstraße
435
66 D
65 A
Kuhberg
411
Sachsenkopf
383
Kunst-
teich
Schau-
bergwerk
Morungen
Wettelrode
271
67 A
349
Erlbach
Lengefeld
67 A
Mooskammer
NSG
Osterberg
308
Maßstab 1 : 50. 000

Von Harzgerode nach Silberhütte 47

Harzgerode/Markt - Grube Albertine - Teufelsteich - Teufelstal - Silberhütte - Harzgerode

10 km • 3,5 h
61 C
47 C

Vom Markt in Harzgerode in südliche Richtung durch die „Baderpforte“ und am Bad vorbei über die freie Fläche in Richtung Neudorf; dem Wanderweg 61C/grüner Punkt folgen und hinab bis zum Abzweig Teufelsteich; auf dem Weg grüner Balken zum Teufelsteich; an diesem vorbei (südlich) und im Teufelstal am Fürstenteich vorbei bis Silberhütte.
Bergbauinteressierten sei empfohlen, von dieser Route etwas abzuweichen: an der Wegekreuzung am Teufelsteich links aufwärts zur Biwende und zum Biwender Gangzug mit alten Pingen, Schächten, Lichtlöchern und Halden; an Wohnhäusern des ehemaligen Fürst-Victor-Schachtes zur Landstraße nach Silberhütte; von hier zum Glan- und Kieselschacht; auf dem Hohlweg (alter Erzabfuhrweg) in das Selketal; dort nach Silberhütte. Von Silberhütte über die Eisfeld-Siedlung nach Harzgerode (47C/grünes Viereck).

Bergbau: das Gebiet um Harzgerode ist altes Bergbaugebiet (vermutlich seit 10. Jh.); sehr reger Bergbau im 16. Jh.
Silberhütte: 1692 gegründet, produzierte bis 1909; ihr wurde im 19. Jh. eine Schwefelsäure-, eine Farben- und eine Zementfabrik angegliedert; Haupterzeugnisse der Hütte waren Silber und Hartblei; seit 1790 besteht die Pulverfabrik, nach 1945 als Fabrik für Pyrotechnik

48 Von Güntersberge nach Straßberg

Güntersberge - Gräfingründer Teich - Spitze Fürth - Silberhütter Kunstgraben - Salzsteinwiesen - Maliniusteich - Wickenhöfen - Straßberg

16 km • 5,5 h
49 D
10 A

Von Günthersberge (Mühlenteich) auf dem Wanderweg 49D/rotes Kreuz in südliche Richtung bis zur zweiten Abzweigung; der Markierung roter Punkt nach, an Schutzhütte und Gräfingründer Teich vorbei zur Spitzen Fürth (Abstecher zum oberen Kiliansteich möglich, gelber Punkt). Von der Spitzen Fürth rechts dem roten Punkt folgen bis zu den Salzsteinwiesen; an der Wegegabelung rechts halten (roter/gelber Punkt) bis zur nächsten Wegegabelung; hier links (gelber Punkt) und am Frankenteich vorbei bis zum Staudamm. Vom Staudamm talabwärts (gelber/blauer Punkt); an der Wegegabelung links halten und der Wegemarkierung grünes Kreuz folgen nach Straßberg. Hier Richtung Bahnhof und auf dem Weg 10A/roter Balken an der Schutzhütte und dem Riechenberg vorbei nach Güntersberge zurück.

Gräfingründer Teich: ältester Teich (1610) d. Flächendenkmals Unterharzer Teich- u. Grabensystem
Straßberg: ehem. stolbergisches Dorf, über 600 Jahre vom Bergbau geprägt (u.a. zahlreiche Teiche), liegt an der südlichen Biegung des Selketals
Frankenteich: Bergbauteich, 1727 angelegt, bis 1876 als Kunstteich genutzt, dient heute der Trinkwasserversorgung

Zum Sophienhof 49

Benneckenstein - Dreiherrenstein - Sophienhof - Stierbergteich - Bocksplatz - Benneckenstein

16 km • 5 h
48 C
36 C

Vom Haus des Kurgastes in Benneckenstein (Stadtmitte) in östliche Richtung dem Weg 48C/roter Punkt folgen über Wiesen und an der Rappbode entlang; am Grauberg vorbei zum Krugbergwasser, das von rechts kommt und in die Rappbode fließt. Über das Wasser hinweg; an der Wegegabelung weiter der Wegemarkierung 48C/roter Punkt folgen; in einer feuchten Niederung den Stollenborn passieren; an der Kreuzung geradeaus (roter Punkt) weiter zum Kälberbruch (feuchte Niederung); hier stößt man auf die Bahnstrecke der Harzer Schmalspurbahnen (HSB). Die Route führt nun parallel zur Bahn weiter bis zum Dreiher-

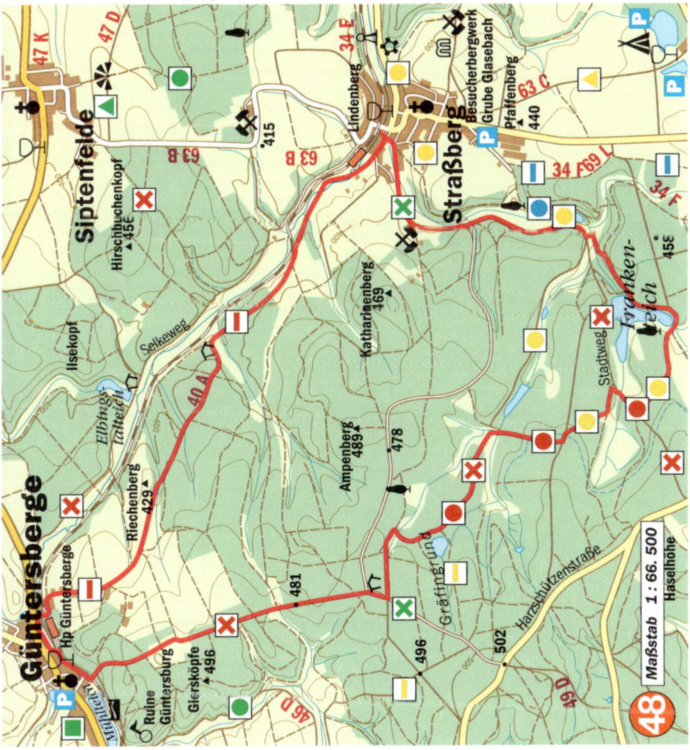

renstein; am Hang des Stierberges entfernt sich der Wanderweg von den Bahngleisen; bald führt er steil hinunter in das Söddeltal, wo wieder die Bahngleise der HSB liegen; die Forststraße aus Richtung Trautenstein überqueren; über eine Holzbrücke und auf dem ansteigenden Weg (roter Punkt) nach Sophienhof (gemütliche Rast im Ort bietet sich an).

Zurück geht es zunächst auf dem gleichen Weg bis zu dem kleinen Fischteich (500 m); nach kurzem Anstieg links abbiegen und dem grünen Viereck folgen; der Weg führt

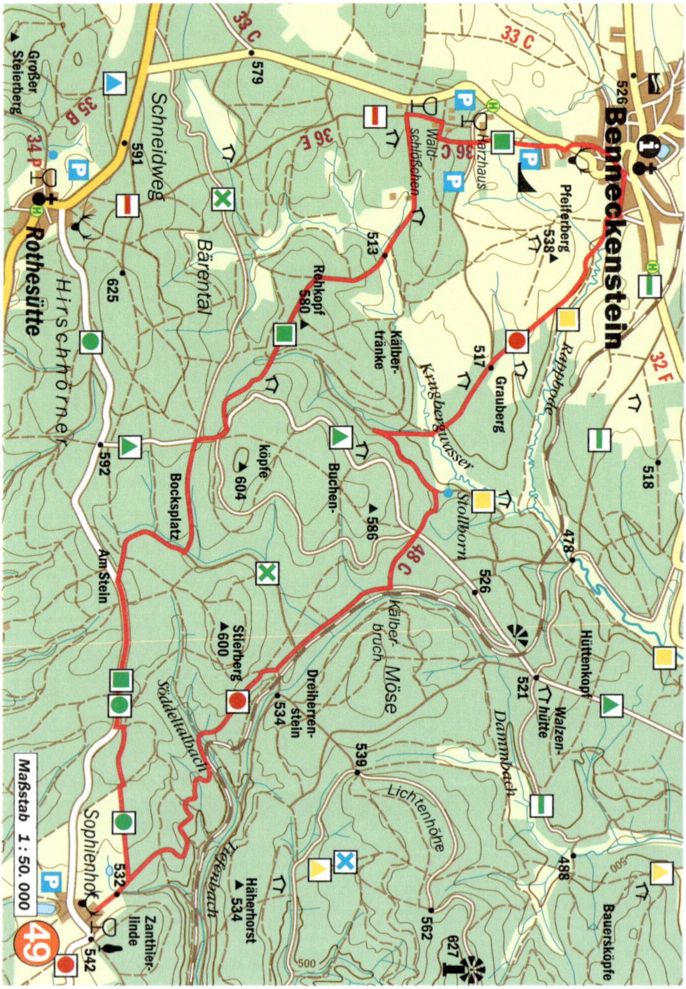

anfangs über eine freie Hochfläche mit schönem Weitblick; am Rastplatz (Waldrand) vorbei und auf dem Weg in den Hochwald (grüner Punkt/grünes Viereck); „Am Stein" gabelt sich der Weg; hier rechts weiter (grünes Viereck) zum Stierbergteich; an diesem vorbei zum Bocksplatz; an Rehkopf und Kälbertränke vorbei zum „Waldschlößchen" (Gaststätte). Von hier den ausgeschilderten Weg 36C zurück nach Benneckenstein, vorbei an der Waldbühne und dem Hotel „Harzhaus".

> *Dreiherrenstein:* sog. Herrensteine erinnern an einstige Grenzmarkierungen; am Dreiherrenstein dieser Wanderroute trafen einst die Herzogtümer Braunschweig, Hannover und das Königreich Preußen zusammen
> *Sophienhof:* einstiger Forstort mit Forsthaus, entwickelte sich zu einer kleinen Siedlung, inzwischen auch mit etlichen Wochenendhäusern (Gaststätte vorhanden)

Stierbergteich: künstliches Gewässer bergbaulichen Ursprungs, gehörte zur einstigen Wasserkunst, diente der Entwässerung der umliegenden Bergwerksstollen sowie der Erzwaschanlage
Bocksplatz: Altbergbaugebiet mit Trichtern, Halden und Schachtlöchern (teils verschüttet bzw. überwachsen); vom 12. bis ins 19. Jh. hinein Förderung von Roteisenstein für die Hütten in Sorge, Zorge und Benneckenstein; hier sind auch historische Grenzsteine zu finden, die die Grenze zwischen Preußen und Hannover markierten

50 Von Sophienhof zum Netzkater

Sophienhof - Eisfelder Talmühle - Netzkater - Sophienhof

10 km • 3,5 h
48 C

Von Sophienhof dem Wanderweg 48C/roter Punkt in süd-östliche Richtung gehen; vorbei an einer Schutzhütte führt der Weg (roter Punkt) durch das Große Schumannstal zum Haltepunkt Eisfelder Talmühle der Selketalbahn (Harzer Schmalspurbahn); hier die Fahrstraße Hasselfelde-Ilfeld, den Bach und die Bahngleise überqueren; der Wegemarkierung gelbes Viereck in südliche Richtung parallel zu den Bahnschienen folgen bis zum Haltepunkt Netzkater; abermals Bach, Gleise und Fahrstraße überqueren und der Wegemarkierung roter Punkt folgend bergauf durch den Großen und Kleinen Nonnenforst zurück nach Sophienhof.

Netzkater: ehemaliges Wegehaus, später Logierhaus mit 40 Zimmern (1912)

Wanderungen am Südharzrand

Der langgestreckte Südharzrand erscheint als wellige Zone und geht fließend in das Gebiet von Leinebergland, Eichsfeld, Hainleite und Kyffhäuser über. Die Schichten des Zechsteins, vorwiegend aus Letten und Gipsen bestehend, streichen an der Oberfläche aus; die Salze wurden durch Auslaugungen beseitigt. Da die Gipse stark verkarstet sind, treten häufig Dolinen, Erdfälle, Flußschwinden und periodische Seen auf. Sie bestimmen zusammen mit den Höhlen weitestgehend den Charakter dieser Landschaft.
Eine Reihe von Flüssen kommen aus dem Gebirge und fließen parallel zur Kante ab: nach Westen zu Aller und Weser die Leine mit ihren Zuflüssen Söse, Sieber und Oder; nach Osten in den Elbebereich Wieda, Zorge, Behre, Leinunger Behre. Die Ruhmequelle ist die zweitgrößte Flußquelle Deutschlands, aus der jede Sekunde 5 000 Liter Wasser sprudelt.
Historisch gesehen ist die Südseite des Harzes ebenfalls von Interesse, nahm man dieses Gebiet doch als Einstieg in das Gebirge; es entstanden Pfalzen, Burgen und Städte. Genannt seien die alte Kaiserstadt Nordhausen, die Pfalz Tilleda am Fuße des Kyffhäusers, die Steinkirche bei Scharzfeld, das Zisterzienserkloster Walkenried sowie die Burgen Hohnstein, Scharzfels, Mansfeld, Questenburg, Sachsenstein, Schloß Stolberg und Schloß Rammelburg.

Blick auf Ilfeld

51 Zum Großen Knollen

Sieber - Breitental - Großer Knollen - Aschentalshalbe - Gropenborn - Sieber

10 km • 3,5 h
6 E/13 C
15 G
15 H

Von Sieber (Bushaltestelle, Parkplatz) in südöstliche Richtung auf dem Wanderweg E6/13C/blauer Punkt bis der Weg Aschentalshalbe von links auf den Wanderweg stößt; weiter aufwärts auf dem Wanderweg 13C bis zum Gipfel des Großen Knollen (Gaststätte, Aussichtsturm). Vom Gipfel anfangs den gleichen Weg zurück bis zur Wegegabelung, wo der Weg Aschentalshalbe 15G/rotes Dreieck abzweigt; auf diesem bis zur Kreuzung mehrerer Wege; hier scharf links und auf dem Wanderweg 15H/roter Balken am Gropenborn weiter bis zur Gabelung; an ihr links halten (Blick auf Sieber) und zum Ausgangspunkt zurück.

Von Bad Lauterberg zur Ruine Scharzfels und zum Großen Knollen 52

Bad Lauterberg/Bahnhof - „Himmelshöhe“ - Andreasbachtal - Ruine Scharzfels - Einhornhöhle - Großer Stern - Großer Knollen - Bad Lauterberg

17 km • 5,5 h
13 G
12 H/13 M/
13 N/
13 J/13 M/
13 H
13 P
13 D
13 N

Vom Bahnhof Bad Lauterberg in nördliche Richtung; auf der Lutterstraße aufwärts bis zum Heibeek; hier der Markierung 13G/gelbes Dreieck leicht aufwärts zur Gaststätte „Himmelshöhe“ folgen (gute Fernsicht von den beiden Eichen ins obere Eichsfeld und bis zum Thüringer Wald). Von der Gaststätte links den Pfad hinab ins Andreasbachtal (12H/13M/13N/rotes Dreieck) und wieder bergauf zur Ruine Scharzfels (von der Terrasse der Unterburg schöner Blick auf Scharzfeld und Barbis). Hinter dem Burggelände weiter bis zur Wegekreuzung und hinab ins Tal, über den Bach bis zur Einhornhöhle (13J/13M/13H/gelbes Dreieck); vom Eingang der Einhornhöhle rechts halten und zum Parkplatz; dem Wegeschild „Großer Knollen“ folgen (13H/blaues Dreieck) bis zur Bremke (Bach); hier scharf nach rechts und nach wenigen Metern links an der Schutzhütte vorbei zum Großen Stern; hier der Wegemarkierung 13P/grüner Balken folgen, vorbei an Büstenkopf und Kleinem Knollen aufwärts bis zum Gipfel des Großen Knollen (Gaststätte, Aussichtsturm).
Der Rückweg (13D/blauer Balken) führt über die Hübichentalsköpfe bis zur Wegegabelung; an dieser links halten zur „Himmelshöhe“; von hier den bekannten Weg (13G/gelbes Dreieck) zurück nach Bad Lauterberg

Bad Lauterberg: Graf Sigibold von Scharzfels baute um 1180 auf dem Lutterberg (heute Hausberg) das „Castrum Lutterberch“; am Fuße des Berges entwickelte sich die Siedlung zum Bergmannsort (Kupfervorkommen); 1839 legte Amtsarzt Dr. Ernst Ritscher mit seiner Kaltwasserheilanstalt den Grundstein für das heutige Kneippheilbad (führend in Norddeutschland)
Burgruine Scharzfels: 1131 erstmals urkundlich erwähnt, liegt 383 m ü.NN; Burg teilweise in den Fel

sen hineingebaut; diente im 17./18. Jh. als Gefängnis; 1761 nach einer Belagerung durch die Franzosen im Siebenjährigen Krieg gesprengt; Stahltreppen und Geländer ermöglichen eine Besichtigung
Einhornhöhle: Tropfsteinhöhle im Zechsteindolomit; Funde von Knochenresten eiszeitlicher Tiere führten zur Sage, daß hier das Einhorn gelebt hat (Knochen stammten aber vom Höhlenbären); Leibnitz, Virchow, Goethe besuchten die Höhle

53 Zur Burgruine Scharzfels

Scharzfeld - „Himmelshöhe" - Frauenstein - Ruine Scharzfels - Einhornhöhle - Steinkirche - Scharzfeld

12 km • 4 h
13 N/13 M
13 G
E 6
13 F
13 M
13 K

Vom Bahnhof Scharzfeld aus auf der Straße Hasenwinkel entlang; unter der Umgehungsstraße hindurch; hier rechts halten und nicht sofort zur Burgruine hinauf, sondern erst noch ein kurzes Stück parallel zur Umgehungsstraße wandern. Dann der Wegemarkierung 13N/13M/rotes Dreieck bis zur Schutzhütte an der „Himmelshöhe" (Gaststätte; Aussicht) folgen; an der Wegekreuzung nach links weiter (13G/gelbes Dreieck); über den Großen Andreasbach und an der darauffolgenden Wegekreuzung links abbiegen(E6); nun führt der Weg an der Burgruine Frauenstein vorbei direkt zur Burgruine Scharzfels. Von der Ruine der verbalen Beschilderung zur Einhornhöhle folgen (13J/13M/gelbes Dreieck); von dieser in Richtung Scharzfeld (13K/blaues Dreieck) zur Steinkirche, von hier auf schmalem Zick-Zack-Weg hinab und unter der Umgehungsstraße zurück nach Scharzfeld.

Burgruine Scharzfels: siehe Wanderung 52
Einhornhöhle: siehe Wanderung 52
Steinkirche: Dolomithöhle, ca. 25 m tief, Raststelle von eiszeitlichen Jägern (Werkzeuge und Geräte aus jener Zeit gefunden); seit 9. Jh. als Kirche genutzt; vorher vermutlich heidnisches Heiligtum; Altar u. Kanzel aus Fels gehauen (noch erkennbar)

Von Bad Lauterberg nach Bad Sachsa 54

Bad Lauterberg - Wiesenbeker Teich - Ravensberg - Kukanstal - Bad Sachsa - Steina - Wiesenbeker Teich - Bad Lauterberg

18 km • 6 h	
29 A	
29 B	rotes Dreieck
30 K	blaues Dreieck
30 N	blauer Punkt
12 J	grünes Dreieck

Von Bad Lauterberg rechts der Oder an der Kirche in südöstliche Richtung; anfangs ein kurzes Stück Fahrstraße (29A) bis zum Parkplatz am Wiesenbeker Teich; nördlich an diesem und am Campingplatz vorbei (29B/rotes Dreieck); der Wegemarkierung weiter folgen hinauf zum Gipfel des Ravensberges (Rundblick). Vom Ravensberg auf dem Weg 30K/blaues Dreieck an der ersten Schutzhütte vorbei und zur zweiten; hier an der Wegegabelung links halten und auf dem

Südharzrand

Bad Lauterberg • Bad Sachsa

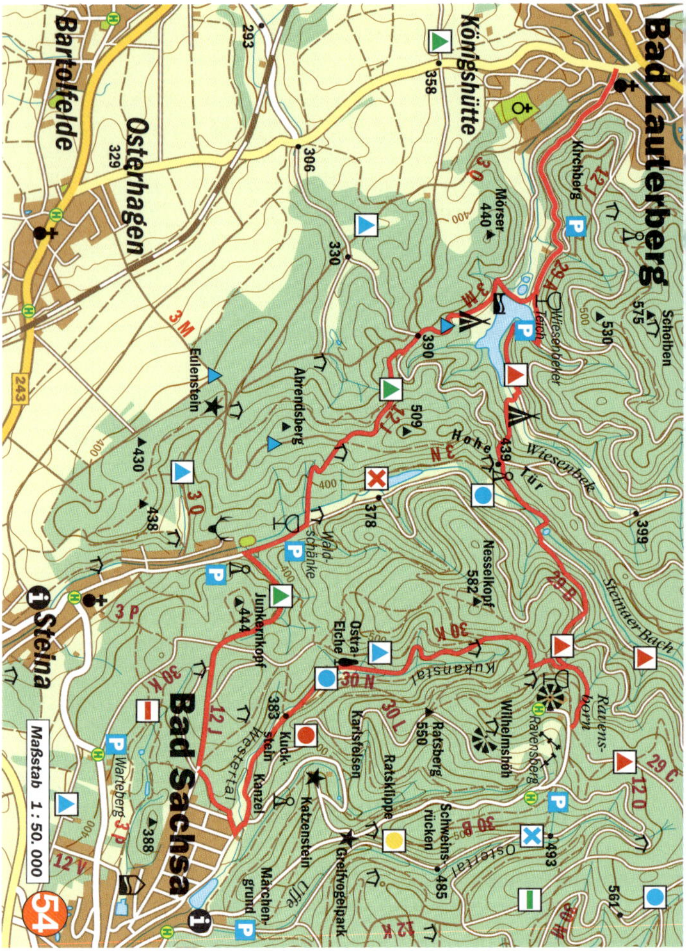

Wanderweg 30N/blauer Punkt nach Bad Sachsa. An den ersten Häusern von Bad Sachsa rechts halten; das Westertal queren und zum Wanderweg 12J/grünes Dreieck; auf diesem um den Junkernkopf herum und bis zum Ortsrand von Steina; von hier rechts in nördliche Richtung weiter zur Waldschänke; an dieser links halten (12J/grünes Dreieck) und an einer Schutzhütte vorbei zum Wiesenbeker Teich; von diesem zurück nach Bad Lauterberg.

Bad Lauterberg: siehe Wanderung 52

Von Bad Lauterberg nach Oderbrück 55

Bad Lauterberg - Krumme Lutter - St. Andreasberg - Rehberger Grabenhaus - Rehberger Graben - Oderteich - Oderbrück
oder ab **St. Andreasberg - „Rinderstall" - Oderhaus - Kaisertal - Bismarckturm - Bad Lauterberg**

28 A	●
15 G	▲
15 D/16 E	▲
9 C	▬
28 C	▲
15 E	▲
28 H	▲
28 K	●
12 L	●

Die beschriebene Wanderung ist vor allem für geübte Wanderer gedacht. In der ersten Hälfte bis St. Andreasberg werden ca. 300 m und bis Oderbrück (781m) nochmals etwa 180 m Höhenunterschied überwunden.
Mit der Wanderung werden drei Varianten angeboten:
1. Von Bad Lauterberg nach St. Andreasberg und mit dem Bus zurück (15 km)
2. Von Bad Lauterberg nach Oderbrück und von dort mit dem Bus zurück (25 km • 7,5 h) s. auch Karte S. 26
3. Von Bad Lauterberg über St. Andreasberg und Oderhaus nach Bad Lauterberg zurück (30 km • 8,5 h)

Von Bad Lauterberg (Parkplatz an der Krummen Lutter, Nähe Augenquelle) der Wegemarkierung 28A/roter Punkt folgen bis zur Wegegabelung; hier rechts halten und am Forsthaus Knollen sowie an den Klärteichen vorbei (28A) entlang der Krummen Lutter bis zum Weg Aschentalshalbe; hier rechts (28A/roter Punkt/15G/rotes Dreieck) und aufwärts bis zur Fahrstraße Herzberg - St. Andreasberg (Weg führt an ehem. Bergbaustätten vorbei); Fahrstraße überqueren und der Wegemarkierung rotes Dreieck bis nach St. Andreasberg fol-

Übergang vom Birkenloch zum Rehberger Graben

gen. Von St. Andreasberg mit dem Bus zurück (1. Variante).

Auf der Hauptstraße in St. Andreasberg erst in östliche, dann kurz in nördliche Richtung bis zur Kreuzung der Straßen St. Andreasberg - Oderhaus bzw. Sonnenberg; geradeaus weiter (15D/16E/blaues Dreieck); an der Jordanshöhe vorbei zur Wegekreuzung; hier rechts zum Rehberger Grabenhaus und am Rehberger Graben (15D) zum Oderteich; Überqueren der Fahrbahn und der Wegemarkierung 9C/blauer Balken folgen bis Oderbrück. Von hier mit dem Bus zurück (2. Variante).

Die 3. Variante der Wanderung führt von der Kreuzung der Fahrstraßen St. Andreasberg - Oderhaus bzw. Sonnenberg rechts kurz neben der Fahrstraße St. Andreasberg - Oderhaus entlang und dann auf dem Weg 28C/15E/rotes Dreieck bis zur Gaststätte „Rinderstall"; von der Gaststätte auf dem Wanderweg 15E/28H/grünes Dreieck bis zum Oderhaus und weiter auf dem Wanderweg 28H/blaues Dreieck durch das Kaisertal; an der Wegegabelung geradeaus weiter (28K/blauer Punkt), vorbei an den Bergen Hillebille und Hauxköpfe; danach die Fahrstraße Bad Lauterberg - St. Andreasberg überqueren und auf dem Wanderweg grüner Punkt/12L zum Bismarckturm. Von dort nach Bad Lauterberg zurück.

Bad Lauterberg: siehe Wanderung 52
Rehberger Graben: siehe Wanderung 14
Oderteich: siehe Wanderung 14
Oderbrück: siehe Wanderung 15

Zum Stöberhai 56

Wieda (Parkplatz) - Stöberhai - Jagdkopf -Taternplatz - Wieda

8 km • 2,5 h
31 B (gelbes Dreieck)
12 N/30 C (grüner Punkt)
29 C (rotes Dreieck)

Am nördlichen Ortsausgang von Wieda (Parkplatz) auf den Forstweg (31B/gelbes Dreieck) oberhalb der schmalen Asphaltstraße und aufwärts am Frankontal entlang; zwischen Steiger und Stöberhai bis zum Gipfel hinauf (herrliche Rundumsicht); am Turm links den Fußweg Richtung Bad Lauterberg; unterhalb des Jagdkopfes abwärts (12N/30C/grüner Punkt) bis zur Weggabelung „Lärchenplatz"; weiter zum Taternplatz (Schutzhütte); links der Wegemarkierung 29C/rotes Dreieck folgen und rechts am Käseberg vorbei nach Wieda; durch den Ort in nördliche Richtung bis zum Ausgangspunkt.

Wieda: urspr. Weida, abgeleitet von den Weiden, die die Walkenrieder Mönche im Tal gepflanzt hatten; außerdem errichteten sie Eisenhütten, die jahrhundertelang wichtigste Erwerbsquelle waren
Stöberhai: schöner Aussichtspunkt im Südharz

57 Von Ellrich zur Kuckuckseiche

Ellrich (Markt) - Limbachtal - Pfaffenborn - Kuckucks-eiche - Ellrich

15 km • 5 h
34 O
32 O
32 N

Vom Markt in Ellrich in nördliche Richtung zunächst auf der Straße nach Sülzhayn; am Schwanenteich vorbei und die Waldstraße 34O/blauer Punkt/grünes Dreieck geradeaus zum Parkplatz am Stadtwald (auch möglicher Ausgangspunkt der Wanderung); vom Parkplatz auf der Asphaltstraße ins Limbachtal (32O/roter Punkt), an drei Teichen vorüber und ein Stück auf dem Naturlehrpfad „Ellricher Stadtwald" entlang; von der Hundingshütte zum Rastplatz am Pfaffenborn; nun bis zum Ende der befestigten Straße und dann rechts den Waldweg hinauf zum Roten Schuß (Hütte am Steilabfall, von hier schöner Blick ins Harzvorland, ins Eichsfeld und zum Kyffhäuser); am Geländer links halten und den Zick-Zack-Weg abwärts zur

Wegespinne (Schutzhütte); hier links (32O/blaues Kreuz) und über die Krumme Winde zur Kuckuckseiche. Nun recht steil hinab zum Waldrand bei Wilmerdorf (32N/grünes Dreieck); den Weg rechts nehmen und zurück zum Parkplatz bei Ellrich.

Ellrich: kleines Städtchen an der Zorge, einst Hauptstadt der Grafschaft Hohnstein-Klettenberg-Lohra; 874 als Besitzung des Klosters Fulda erstmals erwähnt (Alarici- oder Alrichestal), im 11. Jh Besitz der Grafen v. Klettenberg, 1256-1593 zu Hohnstein gehörend, dann Braunschweigisch und ab 1648 Kur-Brandenburgisch; Altstadt mit Teilen der Stadtmauer, Wernaer Tor und Ravensturm, gotische Frauenkirche mit karolingischen Elementen(eine der ältesten Kirchen Thüringens), Heimatmuseum. *Wilmerdorf:* ehem. Ferienheim, z. Zt. leerstehend, Sandsteinrelief am Giebel weist mit dem Wappen der drei Lilien auf die Bourbonen

58 Von Ilfeld zur Nordhäuser Talsperre

Ilfeld - Wiegersdorf - Osterode - Neustadt - Burgruine Hohnstein - Nordhäuser Talsperre - „Hufhaus" - Ilfeld

16 km • 5 h
42 J
39 B
42 K
42 M
42 F
42 F
42 G

Vom Bahnhof Ilfeld ca. 500 m in östliche Richtung bis zum Ortsteil Wiegersdorf; von dessen östlichen Ortsende halblinks nach Osterode (42J); am Ortsende von Osterode links den Wanderweg nach Neustadt; an den ersten Häusern scharf links und der Wegemarkierung 39B folgen zur Burgruine Hohnstein hinauf; von hier auf dem Wanderweg 42K/blaues Kreuz an einer Schutzhütte vorbei zur Nordhäuser Talsperre. An dieser in nördliche Richtung weiter entlang des Stausees (blaues Kreuz); am Ende der Talsperre nach links auf dem Wanderweg 42M weiter bis zum „Hufhaus" (Gaststätte); von hier der Wegemarkierung 42F/grünes Dreieck/rotes Viereck folgen bis zur Wegekreuzung; nun auf dem Wanderweg 42F/blaues Kreuz weiter und über den Poppenberg; später der Markierung 42G/gelbes Viereck folgend nach Ilfeld zurück.

Ilfeld: Erholungsort am Austritt des Behretals; 1100 bauten die Bielsteiner Grafen auf dem Burgberg eine Burg (wenige Überreste) und nannten sich fortan Grafen von Ilfeld; 1189 Gründung des Prämonstratenserklosters, 1546 Klosterschule, heute Krankenhaus
Wiegersdorf: seit 1322 Klosterdorf, gehörte zum Kloster Ilfeld, 1949 eingemeindet
Burgruine Hohnstein: Anfang 12. Jh. von Graf Konrad, Neffe des Landgrafen Ludwig des Springers, erbaut; Besitz ging durch Heirat an Elger II. von Ilfeld, bis 1373 Sitz des einst mächtigen Grafengeschlechts v. Hohnstein; 1417 von den Stolberger Grafen gekauft; im Bauernkrieg 1525 gestürmt; im Dreißigjährigen Krieg von Graf Vitzthum von Eckstädt abgebrannt, da die geforderten Kontributionen nicht bezahlt werden konnten; größte Ruine im Harz; gut gesichert
Nordhäuser Talsperre: 1904/05 mit einer Staumau-

erhöhe von 27,5 m errichtet, 1922/23 auf 33 m erhöht; Stausee mit Fassungsvermögen von knapp 1,2 Mio. Kubikmetern; dient der Wasserversorgung Nordhausens

59 Von Stolberg zur Burgruine Hohnstein

Stolberg - Hainfeld - Borntalsköpfe - Neustadt - Burgruine - mit Bus zurück nach Stolberg

13 km • 5 h
56 D
34 H
56 C
39 B

Von Stolberg (Marktplatz) zur Lutherbuche (ausgeschildert). Auf dem Wanderweg 56D ansteigend zur Hunrodseiche (Naturdenkmal); an der Weggabelung rechts bleiben; vorbei am Diabassteinbruch nach Hainfeld (34H/roter Balken); auf der Hainfelder Hochfläche weiter bis zur Wegegabelung unterhalb der Borntalsköpfe. (Hier könnte die Wanderung verändert werden: Rechts der Weg führt zur Nordhäuser Talsperre und von dort auf dem Wanderweg 34H/roter Balken zurück nach Hainfeld.)
Die hier beschriebene Route führt an der Gabelung nach links (56C) bis Neustadt; durch Neustadt den Hinweisschildern „Burgruine Hohnstein" folgen und auf dem Wanderweg 39B zum Hohnstein. Zurück nach Neustadt und von dort mit dem Bus über Rottleberode nach Stolberg zurück.

Hainfeld: Hochfläche über Stolberg, wird als einzige Hochfläche (455 m ü.NN) der Gegend landwirtschaftlich genutzt; ehemals Domäne
Nordhäuser Talsperre: siehe Wanderung 58
Burgruine Hohnstein: siehe Wanderung 58

60 Von Stolberg zum Auerberg

Stolberg - Große Auerbergstraße - Gasthaus „Auerberg" - Josephshöhe/Josephskreuz - Stolberg

10 km • 3 h
34 G
61 A
69 I

Vom Markt in Stolberg zur Neustadt; an der Friedhofskapelle (sie diente dem Maler Ludwig Richter als Motiv) vorbei und dem Wegezeichen 34G/blauer Punkt folgen, an einer Schutzhütte vorbei zur Gaststätte „Auerberg"; von dort aufwärts zur Josephshöhe (Besichtigung des Josephskreuzes empfehlenswert). Gegenüber der Gaststätte teils steil abfal-

Stolberg (Harz)
Neustadt
Osterode
Hainfeld
Hainfelder Hochfläche
Talsperre Neustadt
Poppenberg 600
Hartköpfe
Hardtbach
Knippelberg
Heidelberg
Schloßkopf
Hohnstein
Riehlingskopf
Mittelberg
Borntalsköpfe 517
Bettler 566
567
525
540
407
392
332
510
464
Kleiner Ronneberg 496
Großer Ronneberg 465
Ruine Ebersburg
Grauberg
Pfaffenkopf
Röhrenteich
Zwißelsberg
Hengstrücken
Große Wilde
Pferdekopf
475
348
Hunrods Eiche
Diabassteinbruch
Lutherbuche
Bf Stolberg 322
Wiesenberg 421
465
495
42 F
42 M
39 C
34 J
42 J
42 K
39 B
34 H
59 D
56 D
56 C
48 A
41 E
61 A
49 C
56 F
Maßstab 1 : 50. 000

lend in südöstliche Richtung hinab auf dem Wanderweg 61A/grünes Dreieck, dann der Markierung 69I/grüner Punkt folgen zurück nach Stolberg.

Josephskreuz: Ursprünglich stand an dem Platz ein hölzerner Aussichtsturm, der der Sage nach durch Venediger (geheimnisvolle Schatzsucher) zum Einsturz gebracht wurde. 1832 entstand ein neuer Holzturm nach Plänen Karl Friedrich Schinkels. In seiner jetzigen Form steht der Turm, inzwischen restauriert, seit 1896 auf der Josephshöhe. Die Eisenkonstruktion mit vier Armen vermittelt, gleich aus welcher Richtung, das Bild eines Kreuzes.

61 Auf dem Karstwanderweg

Questenberg - Queste - Bauerngraben (Periodischer See) - Helmetal - Kalkstraße - Uftrungen

Die Wanderung führt durch die einmalige Karstlandschaft, die sich etwa 100 km am Südharzrand auf einer Breite von ca. 100 m entlangzieht. Das auffallend weiße Gestein, das an verschiedenen Stellen Felswände bildet, besteht aus Anhydrit bzw. Gips (Anhydrit geht durch Wasserauf-

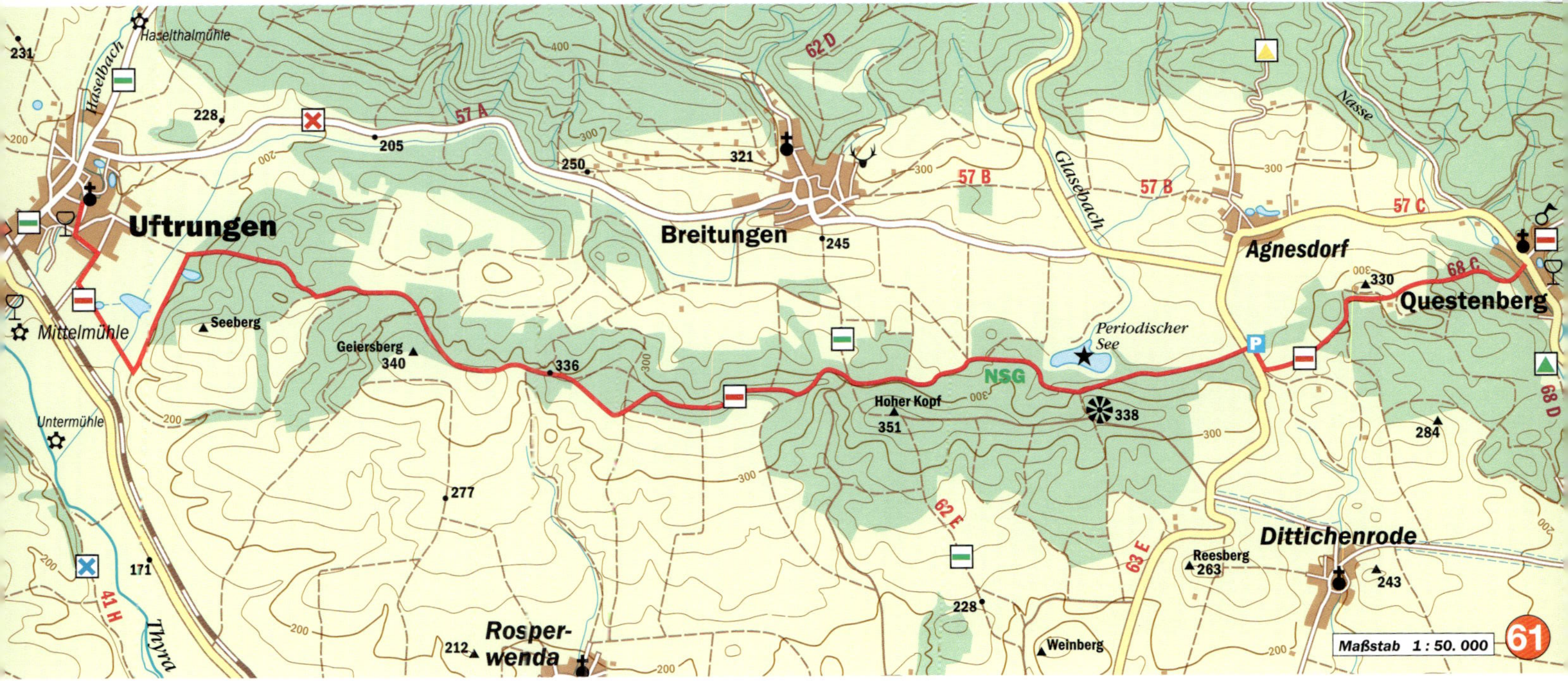
Uftrungen
Breitungen
Agnesdorf
Questenberg
Dittichenrode
Rosper-
wenda
Haselthalmühle
Haselbach
Mittelmühle
Untermühle
Thyra
Glasebach
Nasse
Seeberg
Geiersberg
340
336
Hoher Kopf
351
338
Periodischer
See
NSG
Reesberg
263
Weinberg
231
228
205
250
321
245
330
284
243
277
228
171
212
57 A
57 B
57 B
57 C
62 D
62 E
63 E
68 C
68 D
41 H
Maßstab 1 : 50. 000
61

Der Questenberger Roland

nahme in Gips über; beides wird Sulfatgestein genannt). Die Entstehungszeit des Gebietes liegt ca. 240 Mio. Jahren zurück. Durch die vom Harz ablaufenden Wasser wurde das Sulfatgestein aufgelöst und abtransportiert. Es entstand ein Auslaugungstal, parallel zum Harz, in dem sich unterirdische Wasserläufe, Bachschwinden (Ponore, Stellen wo die Wasser in der Erde verschwinden und in Form von Karstquellen an anderen Stellen wieder auftauchen), Erdfälle, Erdsturzdolinen, Abrißklüfte bildeten und sich laufend veränderten.
Das Gebiet steht unter Naturschutz. Besiedelung ist bis in die späte Bronzezeit zurückzuverfolgen; Relikte alten Bergbaues sind vorhanden.

14 km • 4,5 h

Karstwanderwegbeschilderung

Vom Ort Questenberg zur Queste empor (zwei Wege möglich; der nördliche ist steiler und führt auch zu den Gletschertöpfen); von der Queste (Blick auf Questenberg) auf dem Karstwanderweg weiter; er verläßt das Nassetal und führt in südwestliche Richtung weiter durch Plantage und Wald Richtung Bauerngraben; beim Roten Kopf über eine große freie Fläche und auf breitem Kamm in westliche Richtung weiter; Überquerung der Fahrstraße Roßla-Agnesdorf und am Parkplatz „Bauerngraben“ etwa 50 m in nördliche Richtung die Fahrstraße aufwärts; am Waldrand dann zum Bauerngraben; um den Bauerngraben am Steilabhang herum (Achtung, durch Spaltenbildungen Wegveränderungen möglich!), von hier schöne Aussicht über den See und das Auslaugungstal. Auf dem Karstwanderweg weiter Richtung Uftrungen; vorbei am Mundloch des Breitunger Erbstollens und im Wald in westliche Richtung; am Standort „Breitunger Auslaugungstal“ (Blick auf Breitungen) vorbei zum Aussichtspunkt Breitungen (Blick auf Helmetal); auf der Kalkstraße weiter zum Standort „Oberhahner Revier“ (Blick nach Norden in die flachwellige Landschaft); am nördlichen Waldrand tritt Kupferschiefer zutage (Abbau seit 1450; Hunderte von Pingen befinden sich hier; 1700-1774 wurden ca. 200 Schächte hier angeteuft). Nun bergab in das Auslaugungstal zum Uftrunger See (verschlammtes Gewässer) und nach Uftrungen. Von hier mit dem Bus nach Questenberg zurück.

Questenberg: 1397 erstmals urkundlich erwähnt; ur- und frühgeschichtliche Anlagen, mittelalterliche Burgen und Fachwerk charakterisieren Questenberg und seine Umgebung, unter einer Linde hölzerner Roland (Anfang 19. Jh.)
Burg Questenberg: auf nördlichem Geländesporn gelegen, 1275 erstmals urkundlich erwähnt, Ruine
Bauerngraben (Periodischer See): Schwindenbekken von 360 m Länge und etwa 100 m Breite; in ihm verschwindet der Glasebach und tritt an anderer Stelle wieder zutage; bei hohem Wasseraufkommen entsteht ein See, der Wochen, Monate, sogar Jahre bleiben kann.

Wanderungen am Nordharzrand

Der nördliche Harzrand zwischen Seesen und Ballenstedt ist entlang einer wichtigen geologischen Bruchlinie gegenüber dem Vorland steil abgeschrägt. Das geschah, als der Harz mit der „saxonischen Gebirgsbildung" von der Kreidezeit an bis zur Eiszeit als Gebirge herausgehoben wurde. Besonders der nördliche Harzrand wird von einer Anzahl geologisch vorgezeichneter Täler zerschnitten, die wichtigsten sind die der Innerste, der Grane, der Gose, der Oker, der Radau, der Ecker, der Ilse, der Holtemme, der Bode und der Selke. Der Bergbau hat auch in diesem Gebiet seine Spuren hinterlassen.

Neben der abwechslungsreichen und vielschichtigen Landschaft, die zum Wandern geradezu einlädt, ist der Nordharzrand mit seinem Vorland auch geschichtlich von großem Interesse. Städte wie Goslar und Quedlinburg erinnern an die Zeit des 10. und 11. Jahrhunderts, wo die königliche Zentralgewalt im Harz ihre wichtigste ökonomische und politische Basis hatte. Klöster, Kapellen, Burgen und Schlösser, teils nur noch als Ruinen erhalten, zeugen von der einstigen Bedeutung des Raumes.

Auch Ilsenburg, Bad Harzburg, Wernigerode, Blankenburg, Thale und Ballenstedt - Städte mit zum Teil mittelalterlichen Fachwerkbauten und -ensembles - bieten sich für herrliche Wanderungen an. Da der Nordharzrand verkehrstechnisch sehr gut erschlossen ist, gibt es unterschiedlichste Möglichkeiten der Anreise, ob mit Bahn, Bus oder PKW. Ein besonderes Erlebnis ist die Fahrt mit den Harzer Schmalspurbahnen, die von Wernigerode aus auf den Brocken oder quer durch den Harz bis nach Nordhausen fahren.

Im Okertal

Maltermeisterturm und Ramseck 62

Goslar - Maltermeisterturm - Ramseck - Waldschrat-hütte - Borchersweg - Maltermeisterturm - Goslar

5 km • 2 h
23 A
23 G

Von der südlichen Umgehungsstraße Goslars (B 241) Richtung Hahnenklee/Clausthal-Zellerfeld; vor der Frankenberger Kirche links ab in Richtung Rammelsbergmuseum; gegenüber der ersten Bushaltestelle steil aufwärts zum Maltermeisterturm. (Wer mit dem PKW anreist, kann bis Parkplatz Maltermeisterturm fahren.) Vom Maltermeisterturm wenige Meter bis zum „Winkler-Wetterschacht"; gegenüber der Gaststätte den Pfad steil aufwärts, in Serpentinen durch Kiefernwald und dem Blockhalden-Naturschutzgebiet bis zur Schutzhütte (ab Communion-Steinbruch herrliche Ausblicke); am Ramseck Aussichtspunkt; vom Ramseck auf dem Wanderweg 23A/grüner Punkt fast eben zur Schutzhütte „Wald-

schrat“ zwischen Rammelsberg und Sidekum. Auf dem Borchersweg 23G/grüner Punkt dann abwärts zum Maltermeisterturm und zurück.
Der steile Anstieg könnte wie folgt umgangen werden: Bereits am Waldrand, 300 m vor dem Maltermeisterturm, parken, von dort östlich dem leicht ansteigenden Weg folgen; nach 750 m trifft man auf den Rammelsberger Weg 23A/grüner Punkt, der in südwestlicher Richtung allmählich zum Ramseck ansteigt. Die Wanderung ist dann 2 km länger.

Rammelsberg: „Schicksalsberg“ Goslars, über 1000 Jahre Erz-, Blei-, Silber-, Kupfer-, Zink- und etwas Goldgewinnung; Name nach Ritter Ramm, Gefolgsmann Kaiser Ottos I. und Entdecker des Erzes (Sage);
am Rammelsberg wird das Fliegen mit Paragleitern und Drachen gelehrt
Maltermeisterturm: letztes oberirdisch sichtbares Zeugnis des mittelalterlichen Bergbaus; heute Gaststätte

63 Durch das Okertal

Oker/Gasthaus „Waldhaus“ - Ziegenrückenklippe - Käste - Mausefalle - Hexenküche - Kleine Romke - „Romkerhalle“ - Adlerklippe - “Waldhaus“

11 km • 3,5 h	
6 K	blaues Dreieck
23 B	gelber Punkt
6 F	rotes Dreieck

Von Oker mit PKW oder Bus bis zum Parkplatz bzw. zur Bushaltestelle am „Waldhaus“; an der Oker links aufwärts (6K/blaues Dreieck) zur Ziegenrückenklippe; an dieser vorbei und auf dem Weg weiter bis zur Wegegabelung; hier nicht rechts hinab, sondern auf dem Weg bleiben bis zur Käste (hier Kästeklippe und Kurfürstenklippe, Gaststätte); weiter der Wegemarkierung 23B/gelber Punkt folgen und hinter Mausefalle und Hexenküche absteigen zum Romkerhaller Wasserfall und der B 498, diese überqueren und talaufwärts der „Romkerhalle“ (Gaststätte) die Oker überqueren; auf der linken Seite der Oker (6F/rotes Dreieck) okerabwärts bis zum Hotel „Waldhaus“ im Goslarer Ortsteil Oker (6F/rotes Dreieck).

Okertal: „geologische Quadratmeile“ des Harzes genannt, klippenreich, eng, viele Windungen, schönstes Tal im Westharz
Romkerhaller Wasserfall : 60 m hoher Wasserfall der kleinen Romke; gegenüber der „Romkerhalle“
„Romkerhalle“: Hotel mit Gaststätte, auch „Kleinstes Königreich der Welt“ genannt
Käste, Kästeklippe: Aussichtspunkt mit Gaststätte; bizarre Felsklippe

64 Von Bad Harzburg nach Ilsenburg

Bad Harzburg - Burgberg - Säperstelle - Stöttertalskopf - Kohlenweg - Wernigeröder Bank - Blaubachtal - Ilsenburger Stieg - Brockenbank - Ilsenburg

16 km • 5 h
19 A
20 E
50 D
E11

Von Bad Harzburg Richtung Braunlage bis zum Berliner Platz, über die B 4 und der Wegemarkierung 19A/ blauer Punkt im weißen Dreieck folgend steil bergauf zum Burgberg (Der Aufstieg kann durch die Fahrt mit der Seilbahn fast umgangen werden.); Besichtigung der Ruine der Harzburg (Blick ins Harzvorland); vom Burgberg weiter zur Säperstelle zwischen Sachsenberg und Burgberg; auf dem Weg 20E/blauer Balken, in nordöstliche Richtung weiter (unterwegs schöne Ausblicke ins Harzvorland und zum Oberharz mit Brocken); vorbei am ehemaligen Kreuz des Deutschen Ostens; über den Stöttertalkopf auf dem Kohlenweg zur Wernigeröder Bank (Blick ins östliche Harzvorland); weiter abwärts in das Blaubachtal zum Ilsenburger Stieg; auf diesem rechts in östliche Richtung weiter (50D/ blauer Punkt/E11); über die Ecker bis zum Kolonnenweg (ehem. Grenze BRD-DDR), diesen überqueren; hinter der

Im romantischen Ilsetal

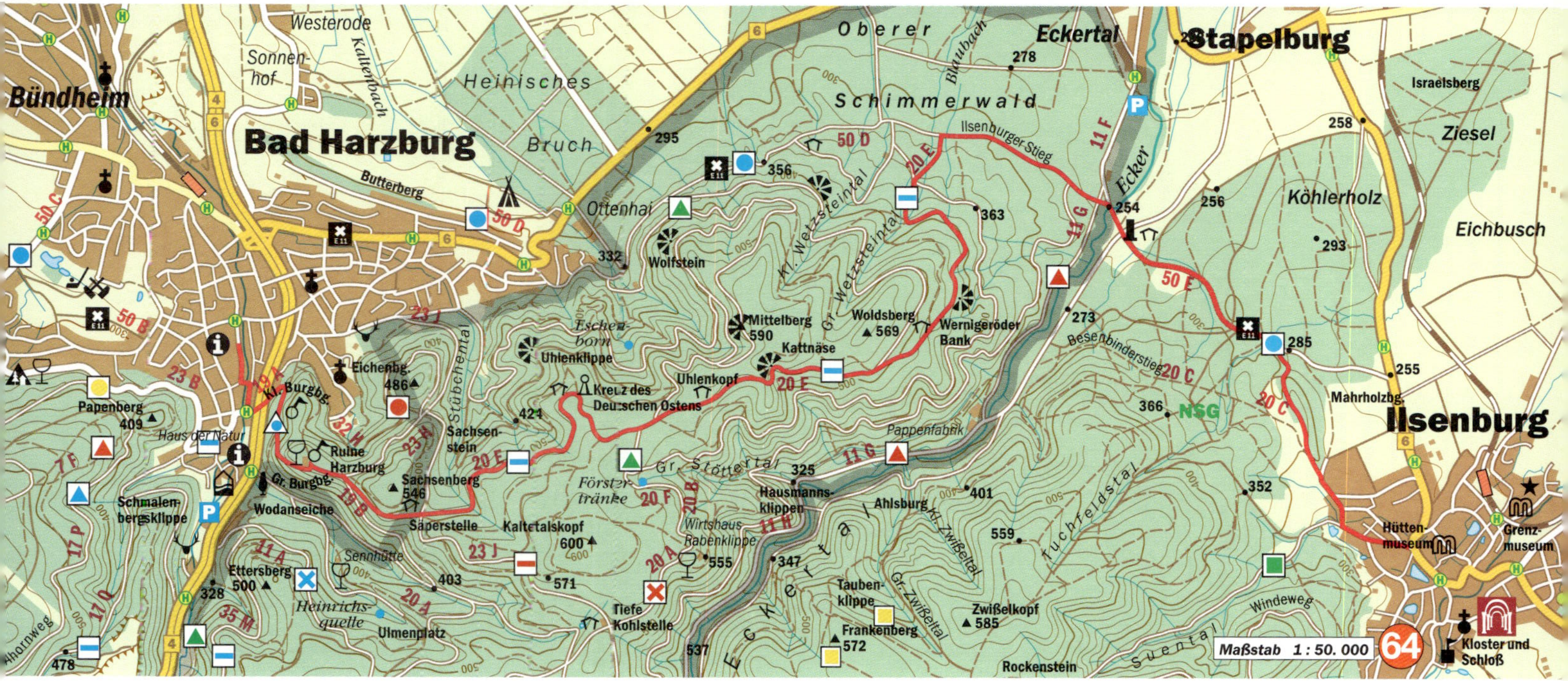
Bad Harzburg
Bündheim
Westerode
Sonnenhof
Kaltenbach
Heinisches
Bruch
Butterberg
Oberer
Schimmerwald
Blaubach
Eckertal
Stapelburg
Israelsberg
Ziesel
Köhlerholz
Eichbusch
Ilsenburg
Mahrholzbg.
Hüttenmuseum
Grenzmuseum
Kloster und Schloß
Ilsenburger Stieg
Ecker
Ottenhai
Wolfstein
Kl. Wetzsteintal
Gr. Wetzsteintal
Mittelberg 590
Woldsberg 569
Wernigeröder Bank
Kattnäse
Uhlenkopf
Eschenborn
Uhlenklippe
Kreuz des Deutschen Ostens
Eichenbg. 486
Stübchental
Sachsenstein
Sachsenberg 546
Säperstelle
Kl. Burgbg.
Ruine Harzburg
Gr. Burgbg.
Wodanseiche
Papenberg 409
Haus der Natur
Schmalenbergsklippe
Ettersberg 500
Sennhütte
Heinrichsquelle
Ulmenplatz
Kaltetalskopf 600
Förstertränke
Gr. Stöttertal
Hausmannsklippen
Wirtshaus Rabenklippe
Tiefe Kohlstelle
Pappenfabrik
Besenbinderstieg
NSG
Ahlsburg
Kl. Zwißeltal
Gr. Zwißeltal
Taubenklippe
Frankenberg 572
Zwißelkopf 585
Tuchfeldstal
Eckertal
Rockenstein
Suental
Windeweg
Ahornweg
Maßstab 1 : 50.000
64

Schutzhütte am Waldrand weiter zur Brockenbank (Brokkensicht) und über die Kastanienallee nach Ilsenburg. Von Ilsenburg mit dem Bus zurück.
Wer nach Bad Harzburg zurückwandern möchte, kann den Fernwanderweg E11 in westliche Richtung benutzen.

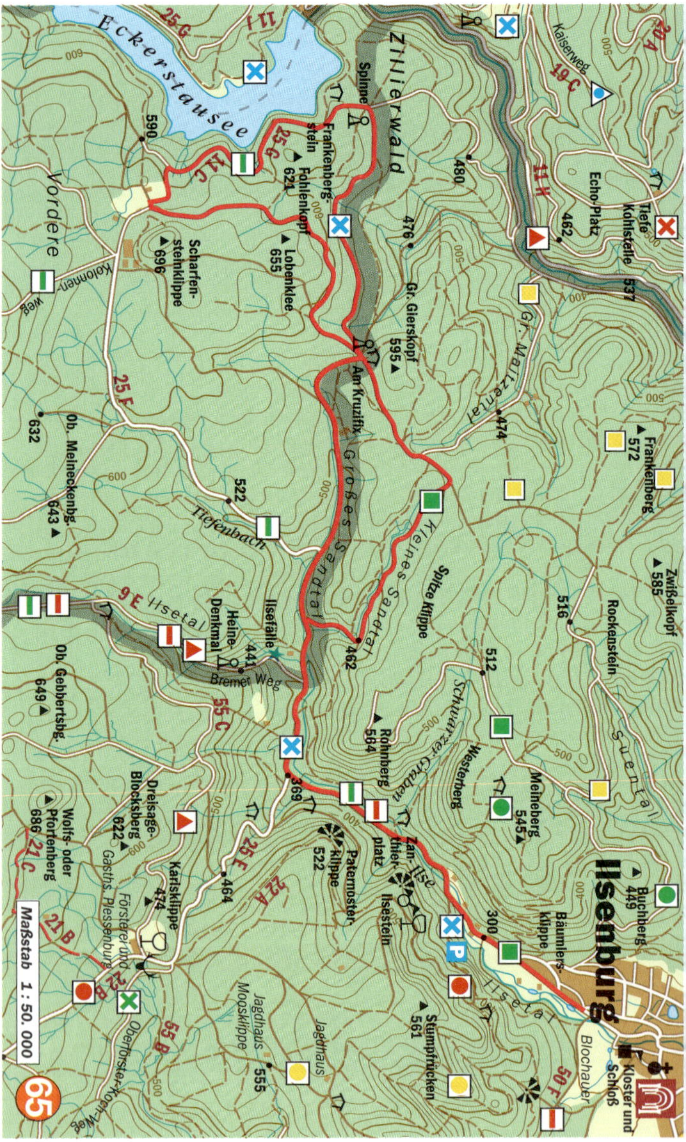

Von Ilsenburg über das Kruzifix zum Eckerstausee 65

Ilsenburg - Ilsetal - Großes Sandtal - Kruzifix - Eckerstausee - Kleines Sandtal - Ilsetal - Ilsenburg

18 km • 6 h
9 E
25 F
11 C

Von Ilsenburg durch den Ort bis zum Ortsausgang im Ilsetal (Parkplatz); im Ilsetal leicht aufwärts am Ufer der Ilse entlang (grünes Viereck/roter Balken/grüner Balken) zum Zanthierplatz (Blick auf den Ilsestein); weiter im Ilsetal bis zum Abzweig des Großen Sandtales; über die Ilse und rechts halten in das Große Sandtal hinein (25F/grüner Balken) das Ilseufer verlassen (an der Ilse führt der Heinrich-Heine-Weg weiter); durch das Tal aufwärts (blaues Kreuz) bis zum Kruzifix (Wegekreuzung, Sitzgruppe, Schutzhütte); an der Schutzhütte vorbei (blaues Kreuz) bis zum Eckerstausee (Blick über Scharfensteinklippe und Kleinen Brocken zum Brocken). Am Ufer des Stausees auf dem Wiesenweg leicht aufwärts; am Frankenbergstein der Wegemarkierung 11C/grüner Balken folgen bis unterhalb der Scharfensteinklippe; an der Wegegabelung nach links und zum Kruzifix zurück; nun auf dem ehem. Kolonnenweg in nördliche Richtung zur Ebersburg (Sitzgruppe); an der Waldwiese rechts in das Kleine Sandtal (grünes Viereck) und weiter bis zur Einmündung ins Große Sandtal; links talabwärts ins Ilsetal und den bekannten Weg zurück zum Ausgangspunkt.

Ilsetal: bekannt durch Heinrich Heines „Harzreise"
Zanthierplatz: siehe Wanderung 17
Kruzifix: Wegekreuzung nahe der Ernstburg; Kreuz von Grafen Stolberg-Wernigerode dort aufgestellt
Ernstburg: ehem. herrschaftliches Jagdhaus, gehörte dem Halberstädter Domdechanten Ludwig Ernst Freih. Spiegel zum Desenberg (1753-85), Haus hieß auch „Spiegelslust" und Fünf-Eichen-Haus; heute eine Waldwiese, kleines Schild erinnert an das Haus
Eckerstausee: siehe Wanderung 15
Frankenbergstein: Frankenberg, langjähriger Hauptvorsitzender des Harzklubs wurde hier, an einem seiner Lieblingsplätze, begraben

66 Zwei Wanderungen zur Plessenburg

I. Von Ilsenburg:
Ilsenburg - Ilsestein - Paternosterklippen - Plessenburg - Renneklippen - Bielsteinchaussee - Bhf. Steinerne Renne

16 km • 5 h	
22 A	●
22 B	●
21 A	
55 B	☒

Von Ilsenburg im Ilsetal aufwärts bis zum Blochauer; hier über die Ilsebrücke und rechts der Wegemarkierung 22A/roter Punkt folgen; auf der Forststraße aufwärts zum Ilsestein und dann an den Paternosterklippen vorbei bis zur Plessenburg. Von hier der Wegemarkierung 22B/roter Punkt folgen zur Steinernen Bucht und dann zur Steinernen Renne; auf der Bielsteinchaussee (21A) abwärts bis zur Fabrik (Werbat); von dort zum Haltepunkt der Harzer Schmalspurbahnen „Steinerne Renne" (verbale Beschilderung) oder aber in nördliche Richtung weiter auf der Asphaltstraße zur Bushaltestelle „Freiheit" (mit dem Bus nach Wernigerode und dann mit Bus oder Bahn zurück nach Ilsenburg).

II. Von Drübeck
Drübeck Ost - Tänntal - Plessenburg - Oberförster-Koch-Weg - Oberförster-Koch-Denkmal - Mönchslagerstätte - Wernigeröder Bürgerbrunnen - Bielsteinchaussee - Bhf. Steinerne Renne

12 km • 4 h	
55B	▲ ▲
	☒
21 A	

Von Drübeck Ost zwischen Schiefer- und Karrberg nach Öhrenfeld; rechts am Gasthaus „Öhrenfeld" vorbei auf der Straße zum Hochwald weiter (Anfahrt mit PKW bis Öhrenfeld, Waldrand, möglich); durch das Tänntal (55B/rotes/grünes Dreieck) aufwärts zur „Plessenburg".
Von hier in östliche Richtung zum Oberförster Koch-Weg (grünes Kreuz) und auf diesem am Hang entlang (Blick ins Tänntal) bis zum Oberförster-Koch-Denkmal (Wegegabelung); hier geradeaus weiter (grünes Kreuz) und zwischen Treppbruch und Brandtal zur Mönchslagerstätte; auch Mönchsbuche. (Hier möglich: wenige Meter Richtung Bielsteinchaussee; links den Forstweg (21A) entlang durch die Goslarsche Gleie zum Ende der Bielsteinchaussee und

von dort bis zum Floßplatz in Wernigerode-Hasserode.) Ansonsten von der Mönchslagerstätte den Weg am Wernigeröder Bürgerbrunnen vorbei bis zur Bielsteinchaussee. Ab hier wie in der Wanderung von Ilsenburg zur Plessenburg beschrieben.

Ilsenburg: im 9. Jh. Schutzburg „Elysinaburg" gebaut, um 840 Gründung der Siedlung Wollingerode am Wienberg durch Corveyer Mönche; 1003 schenkte Heinrich II. die Burg dem Halberstädter Bischof, Gründung des Benediktinerklosters; 1525 Kloster teilweise zerstört, der Ort wuchs durch Eisengewinnung und Hüttenwerke, wurde durch seinen Kunstguß bekannt
Ilsestein (474 m): siehe Wanderung 17
Paternosterklippen: Granitklippen; fliehende Mönche aus dem Ilsenburger Kloster wurden von den Burg-Mannen verfolgt und auf dem Ilsestein eingeholt, an den Paternosterklippen beteten sie ihr letztes Paternoster und stürzten sich in die Tiefe (Sage)
Drübeck: Dorf zwischen Wernigerode und Ilsenburg, Name wohl von dri beke (= drei Bäche) abgeleitet; Ort entstand aus einer Missionsstätte des Klosters Corvey, 877 Jungfrauenkloster gebaut; Kloster 1525 stark beschädigt; sehenswerte Klosterkirche (romanische Basilika, 10. Jh)
Plessenburg: siehe Wanderung 25
Oberförster-Koch-Weg: Forstweg, abwechslungsreicher Wanderweg; zum 50. Dienstjubiläum wurde dem Oberförster Koch ein Denkmal errichtet; Verbindungsweg zwischen Mönchslagerstätte und Plessenburg
Mönchslagerstätte: Hier sollen die Mönche des Klosters „Himmelpforte" 1525 bei ihrer Flucht vor den aufständischen Bauern gerastet und ihren Abt, der hier einen Herzschlag erlitt, begraben haben.
Bielsteinchaussee: benannt nach dem Forstort Bielstein, der an der unteren Holtemme oberhalb Hasserodes liegt, Namenserklärungen: Ableitung von angeblichen Götzen „Biel" oder von biel = Beil oder buhil = Bühl, Hügel

67
Maßstab 1 : 50. 000
Ilsenburg
Kloster und Schloß
Drübeck
Klosterkirche
Wernigerode
Charlotten-lust
Lustberg
Charlottenlust
Harzblick
Altenrode
Darlin-gerode
Bf Drübeck
Bf Darlingerode
Rammelsbach
Reddeber-teich
Teich-Mühle
Holtemme
Kurts-Schreiber-teich
Köhler-teich
Historisches Rathaus
Schloß
Nöschenrode
Windeweg
449 Buchberg
Bäumlers-klippe
Meineberg 545
300
Ilsetal
Blochauer
50 F
Tannenbleek
Schieferberg
Karrberg
55 A
280
Öhrenfeld
Gasthaus Öhrenfeld
438
Stumpfrücken 561
Zan-thier-platz
Ilsestein
Ilse
Paternoster-klippe 522
369
Halberstädter Berg
571
Jagdhaus
555
Jagdhaus Moosklippe
22 A
25 E
464
5 C
Karlsklippe 474
Dreisage-Blocksberg 622
Försterei und Gasths. Plessenburg
22 B
Wolfs- oder Pfortenberg 686
21 B
21 C
Oberförster-Koch-Weg
Forst Öhrenfeld
Kantor-Berg
Tänntal
55 B
Meine-Berg 575
Baumhof
Spitzenberg
Thomasstieg
319
Haidknüll
Kapitels-berg
343
Sandtal
Sienberg
Zehnberg
Spitzer Berg 295
Lange Hecke
Ütschen-teich
Ziegenberg
Pahnberg 439
Klosterruine Himmelpforte
Lutherstein
Mühlstieg
Schweng
Kastanien-platz
Schwengskopf 493
Heudeberberg 379
339
Kuhborn
244
6

67 Auf dem Naturlehrpfad nach Ilsenburg

Wernigerode - Hochschule Harz - Himmelpfortental - Forsthaus Öhrenfeld - Himmelpfortenwiese - Ütschenteich - Tonmühlenteich - Kloster Ilsenburg - Blochauer - Ilsenburg

10 km • 3,5 h
50 F
50 F
E 11

Von der Innenstadt Wernigerodes zum Westerntor; durch den Ortsteil Hasserode bis Höhe Hochschule Harz (mit Bus möglich, kaum Parkmöglichkeiten); nach rechts über die Brücke der Holtemme und geradeaus ins Himmelpfortental (50F/blauer Punkt, E11); vorbei am Forsthaus „Öhrenfeld" und an den Fischteichen zur Himmelpfortenwiese; hier nach rechts, über die Wasserscheide und auf dem Weg mit leichter Linksbiegung weiter; Ütschenteich rechts lassen und in Richtung Öhrenfeld weiter; vor Öhrenfeld links, Ausläufer vom Tänntal überqueren und zum Tonmühlenteich; an diesem vorüber und scharf links (50F/roter Balken) zum Rastplatz (Köhlerhütte und Sitzgruppe); weiter links halten und an den Erdfällen und der einstigen Gipsgrube vorbei in westliche Richtung; am „Trimm-dich-Platz" trifft die Ilsenburger Schleife (auch ein Naturlehrpfad) auf unseren Weg; geradeaus weiter zum ehem. Schloßpark; durch diesen und links am ehem. Kloster (heute Hotel und Gaststätte) vorbei; wenige Meter steil hinab zum Blochauer; von hier rechts ins Zentrum von Ilsenburg. Zurück mit Bus oder Bahn.

Himmelpforte: ehem. Kloster der Augustiner-Einsiedlermönche, 1253 gegründet; 1525 durch aufständische Bauern zerstört; heute Wiese
Ütschenteich: Ütschen=Frösche, durch Erdfall entstanden
Öhrenfeld: Forstort; ehem. Forsthaus heute Gaststätte, Name von Ahorn=Oehren
Tonmühlenteich: im 19. Jh. befand sich in Teichnähe eine Tonmühle, die Ton für benachbarte Ziegelei mahlte; Teich diente zum Auffangen des Wassers vom Hegebach, um es zum Betreiben der Tonmühle zu nutzen
Kloster Ilsenburg: 995 erstmals erwähnt als Elysi-

anburg, 1003 schenkte Kaiser Heinrich II. die Burg dem Halberstädter Bischof, 1018 Gründung eines Benediktinerkloster; im Bauernkrieg stark beschädigt, später zum Schloß durch die Grafen von Stolberg-Wernigerode umgebaut, diente als Witwensitz; heute Hotel und Gaststätte

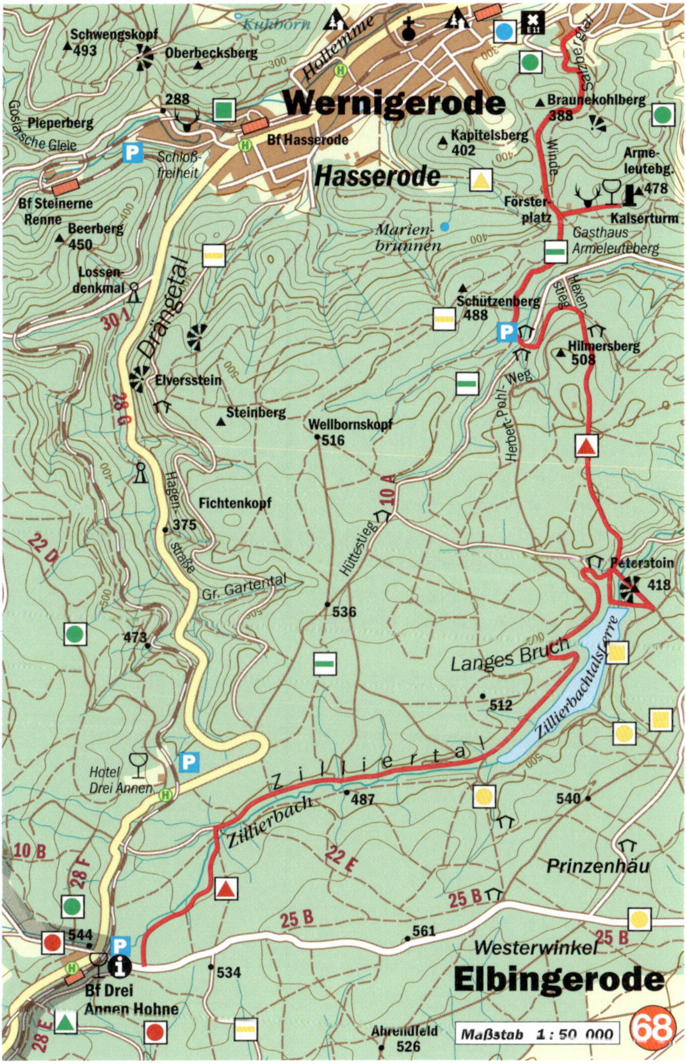

68 Durch das Zillierbachtal zum „Armeleuteberg“

Drei-Annen-Hohne (Parkplatz) - Zillierbach - Zillierbachtalsperre - Peterstein - Hilmersberg - „Armeleuteberg“

16 km • 5,5 h ▲
10 A ▭

Vom Parkplatz Drei-Annen-Hohne wenige Meter auf der Straße Richtung Elbingerode und links einbiegen (rotes Dreieck) ins Zillierbachtal bis zum Stausee; in nördliche Richtung am Ufer des Stausees entlang bis zur Sperrmauer; kurzer Abstecher zum Peterstein (links ansteigend, Aussicht); zurück ins Tal und am Ende des Stausees unterhalb der Staumauer nach links; an einem kleinen Platz vorbei (Wegegabelung) und geradeaus ansteigend; dann rechts den Weg hinauf zum Hilmersberg (rotes Dreieck); von ihm hinab in das Kalte Tal; an dem kleinen Parkplatz den Bach überqueren und auf dem Weg 10A/grüner Balken aufwärts zum Försterplatz (Blick bis zum Brocken); am Forsthaus rechts aufwärts zur Gaststätte „Armeleuteberg“; weiter ansteigend bis zum Kaiserturm (Blick ins Harzvorland); zurück bis Försterplatz und auf dem Fahrweg (Die Winde) hinab nach Wernigerode.

Zillierbachtalsperre: Trinkwassertalsperre, erbaut 1934-35; Fassungsvermögen 2,8 Mio. Kubikmeter, Staumauer 45m hoch
Hilmersberg: Name nach Wernigeröder Familie Hilmer; einst wurde hier Bergbau betrieben, später städtisches Jagdhaus
Försterplatz: mit Forsthaus, Wegekreuzung und guter Ausblick; Hans-Hoffmann-Gedenkstein
Kaiserturm: Aussichtsturm auf dem Armeleuteberg, von E. Lührmann aus Wernigerode erbaut; 1992 umfassend restauriert

Von Wernigerode nach Blankenburg 69

Wernigerode - Schloß - Annaweg - Wernigeröder Schützenhaus - Benzingerode - Heimburg - Teufelsbad - Oesig - Blankenburg

19 km • 6,5 h

15 G
50 H
E 11

Von der Innenstadt Wernigerodes hinauf zum Schloß (Besichtigung lohnend); östlich der Schloßterrasse den schmalen Weg zwischen den Fachwerkhäuschen (gegenüber Verwaltungseingang) steil über Treppen hinab (rechts Bärenzwinger); gegenüber wieder steil aufwärts zum Wasserhäuschen auf dem Agnesberg (herrlicher Blick auf das Schloß und über Wernigerode bis zum Brocken); auf dem Annaweg nach rechts in südliche Richtung weiter (roter Balken) bis zum „Schöne Eichenplatz" (hier führt rechts ein Weg über Treppen hinab ins Christianental und durch n Wildpark zurück nach Wernigerode).
Vom „Schöne Eichenplatz" links (grünes Viereck) teils über Treppen zum „Wernigeröder Schützenhaus" (auch „Neues Schützenhaus"); in nördliche Richtung links vorbei zum Weg, der von links kommt und rechts weiterführt (blauer Punkt/E11); auf diesem am Waldrand in östliche Richtung; rechts liegen Erdfälle, links das Harzvorland; am südlichen Ortsrand von Benzingerode entlang zwischen Gärten und auf dem Fernwanderweg E11 weiter bis zur Fahrstraße Heimburg/ Elbingerode (Abstecher zur Heimburg, Ruinenreste, schöner Rundblick); überqueren der Fahrstraße und durch das Teufelsbachtal zur Straße und kurz danach zum Kloster Michaelstein; vor dem ehem. Kloster Michaelstein (am Ringverkehr) an der Teufelsbad-Fachklinik vorbei dem blauen Punkt folgen und am Waldrand zum Ortsteil Oesig und weiter nach Blankenburg.
Mit dem Bus (Haltestelle vor dem „Teufelsbad") nach Blankenburg bzw. von Blankenburg mit dem Bus zurück nach Wernigerode.

Schloß Wernigerode: siehe Wanderung 32
Annaweg: siehe Wanderung 32
Teufelsbad: Fachklinik; Neubau nach 1990
Kloster Michaelstein: siehe Wanderung 32

Wernigerode
Agnesberg 378
Schloß
Tiergarten
Wernigeröder Schützenhaus
Christianental
Nöschenrode
Jägerkopf 444
Kegelkopf 430
Astberg
Forsthaus Voigtstieg
Köhlerhütten
Zillierbach
468
Großer Klausberg 463
483
Hinterer Voigtstiegberg
Eisergrund
Hundsrücken 442
467
Hillkopf
Stapelberg 443
Stiefelberg
Heiligen Grund
389
Benzingerode
Hellbach
Struvenberg 306
Ziegenberg
Heiligenberg 428
Klobe
279
Teufelsbach
Langenberg
389
Erzental
449
Michaelstein
281
Fischteiche
Nackenberg 395
Pronstberg 326
Kloster Michaelstein
Teufelsbad Fachklinik
Hst. Michaelstein
Oesig
232
Mönchemühle
Birkental Mühle
Heimburg
Altenburg Heimburg
189
Gallenberg
Pfeifenkrug
Maßstab 1 : 50. 000
69

Raubgrafenburg, Kloster und Eremitenklause 70

Blankenburg - Burgruine Regenstein - Regensteinmühle - Birkental - Mönchemühlenteich - Michaelstein - Volkmarskeller - Schloß Blankenburg - Blankenburg

20 km • 7 h	
37 L	gelbes Kreuz
26 A	gelbes Viereck
29 J	roter Punkt
29 K	roter Punkt

Von der Bushaltestelle bzw. vom Parkplatz Regenstein (B6, Richtung Wernigerode) zur Burgruine Regenstein (Besichtigung empfehlenswert); vom Regenstein zurück durch das Haupttor und rechts durch Eichen- und Kiefernwald zur Regensteinmühle (verbale Beschilderung); von dieser am Mühlgraben entlang zum Parkplatz an der B6, diese überqueren und in das Birkental (37L/gelbes Kreuz); hier den Mühlenweg leicht aufwärts bis zum Mönchemühlenteich; rechts wenige Meter auf der Fahrstraße zum Kloster Michaelstein; durch das Klostergelände zum Tor und durch dieses hindurch; an den Fischteichen leicht aufwärts durch den Klostergrund (26A/gelbes Viereck); Besichtigung Volkmarskeller; weiter zum Eggeröder Brunnen; links auf dem Herzogsweg 29J/roter Punkt entlang; am Bollenweg (rechts) vorbei und bis zur B 27 Blankenburg-Hüttenrode; diese überqueren und zum „Ziegenkopf" (Gaststätte, Aussichtsturm, Blick ins Harzvorland); rechts den Fußweg hinab zum Herzogsweg (29K/roter Punkt) und weiter bis zum Blankenburger Schloß; hier links über Treppen abwärts zum Rathaus; in nördliche Richtung durch die Stadt zum Ausgangspunkt

BurgruineRegenstein: Ruine, ehem. preußische Festung, vorh. Burg (seit 12. Jh.), verm. Kultstätte in vorchristl. Zeit; abwechslungsreiche Geschichte
Regensteinmühle: ehem. Mühle der Burg Regenstein, in den 80/90er Jahren des 20. Jh. freigelegt
Kloster Michaelstein: siehe Wanderung 32
Volkmarskeller: siehe Wanderung 32
Schloß Blankenburg: Kleines und Großes Schloß; Kleines Schloß von 1725, ehem. Lustschloß mit Barockgarten, heute Heimatmuseum. Großes Schloß (Ursprung im 12. Jh.), mehrfache Umbauten, 1705-18 im Barockstil, Burgtor und Mauerreste von einstiger Befestigung noch erhalten

71 Durch das Bodetal

Thale - Kabinenseilbahn - Hexentanzplatz - La Viershöhe - Pfeil-Denkmal - Weißer Hirsch - Treseburg - Bodetal - Teufelsbrücke/Bodekessel - Thale

Von Thale mit der Kabinenseilbahn hinauf zum Hexentanzplatz (auch Großparkplatz auf dem Hexentanzplatz); auf

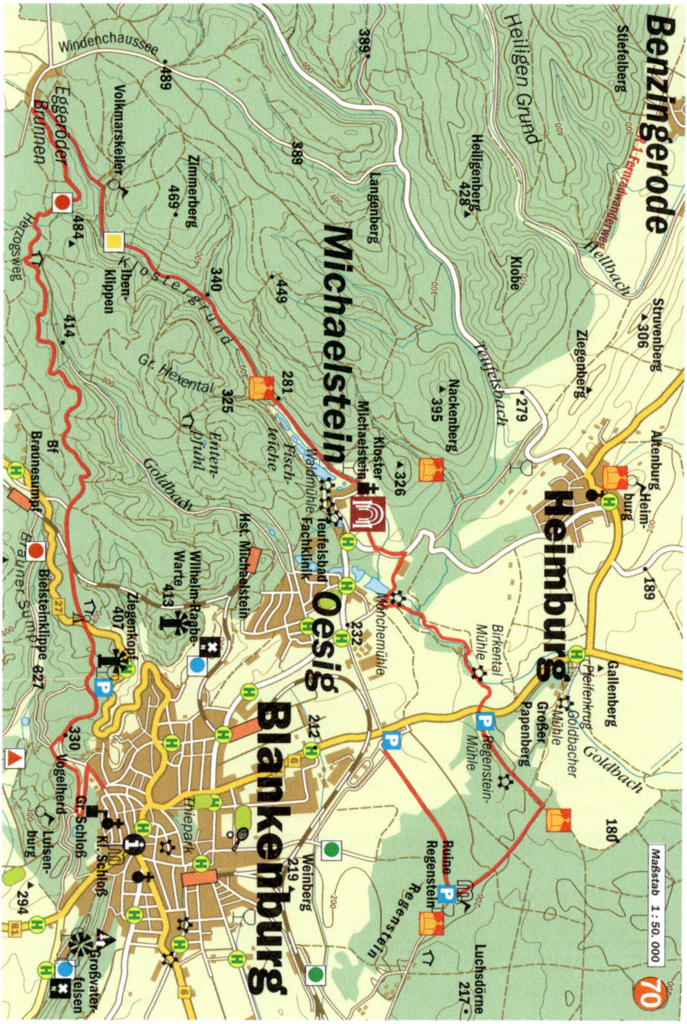

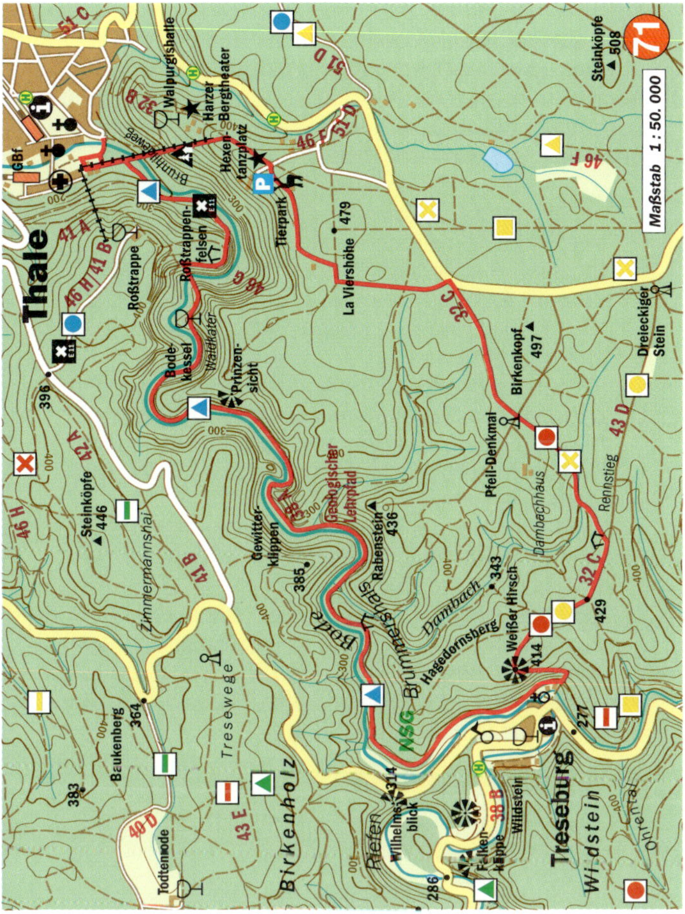

dem Hexentanzplatz lohnt ein Blick ins Bodetal und hinüber zum Roßtrappenfelsen sowie eine Besichtigung der Walpurgishalle und des Tierparks; rechts am Tierpark vorbei und der verbalen Beschilderung sowie der Wegemarkierung 32C/roter Punkt folgen zur La Viershöhe (Blick ins Bodetal); auf dem Weg weiter zum Pfeil-Denkmal; am Denkmal vorbei und auf dem Weg bleiben bis der Rennstieg auf den Weg trifft; weiter der Wegemarkierung 32C/roter Punkt nach bis zum Aussichtspunkt Weißer Hirsch (Blick über Treseburg ins Bodetal Richtung Altenbrak); nun steil abwärts nach Treseburg im Tal der Luppbode; im Tal rechts am Hotel „Lupp-

16 km • 5,5 h
32 C
38 A

bode" vorbei und am Zusammenfluß von Bode und Luppbode vor der Bodebrücke rechts ins Bodetal; im Bodetal abwärts (verbale Beschilderung/38A/blaues Dreieck) an der Bode und an zerklüfteten Felsen entlang; über die Teufelsbrücke und den Bodekessel zum „Waldkater" (Gaststätte) und zurück nach Thale.

Hexentanzplatz: Felsmassiv (454m) am Eingang des Bodetals mit Plateau, wo angeblich die Hexen tanzten, ehe sie zum Brocken flogen. Der Sachsenwall, Erd- und Steinwall aus frühgeschichtlicher Zeit, sowie Funde verweisen darauf, daß hier eine alte Kultstätte war.
Walpurgishalle: Blockhaus in Anlehnung an frühgermanische Bauweise mit Symbolen der germanischen Sagenwelt (1901 errichtet); Ausstellung von Funden früherer Besiedlung, Gemälde zu Goethes Walpurgisnacht
Pfeil-Denkmal: zu Ehren des Forstmannes Friedrich Leopold Pfeil (1783-1859), Begründer der Eberswalder Forstakademie
Bodekessel: auch Kronensumpf, tiefste Stelle im Flußbett, hier hat das Wasser der Bode den Felsen tief ausgewaschen; Sage: Die Krone der Prinzessin Brunhilde liegt hier, bewacht von dem in einen Hund verwandelten Bodo.

Der Harz und seine Natur

Der Harz mit seinen weiten Nadel- und Laubwäldern, sanften Wiesen, steilen und oft klippenübersäten Hängen, klaren Quellen und Bächen gehört zu den reizvollsten und beliebtesten Urlaubs- und Wandergegenden Deutschlands. Burgen und Burgruinen, Pfalzen und Kirchen sowie einstige Dorfstellen und Namen von Forstorten und Straßen erinnern an die geschichtliche Größe der Harzregion mit ihren bedeutsamen Städten wie Goslar, Quedlinburg, Nordhausen, Stolberg und Halberstadt. Mit Stollenmundlöchern, uralten Pingen, Halden tauben Gesteins, Schaubergwerken und Bergbaulehrpfaden begleiten den Wanderer Zeugen bergbaulicher Vergangenheit.
Der Harz ist Deutschlands nördlichstes Mittelgebirge und erhielt seinen Namen vermutlich vom althochdeutschen „hart“ (Wald, Höhe). Er ist oval geformt, mißt etwa 90 km in der Länge (West-Ost) und 35 km in der Breite (Nord-Süd). Das sogenanntes Inselgebirge - es erhebt sich allein aus dem umgebenden Tiefland - verkörpert geologisch den Typ des Bruchschollengebirges, da es nach der Variskischen Gebirgsbildung im Karbon knapp 300 Millionen Jahre später im Tertiär als Scholle mehrere Hundert Meter gehoben wurde und dabei in einem Winkel von etwa 60° auf die Seite kippte. So entstand die heutige Form, die im Westen hohe steile Berge und nach Osten flach abfallen-

Die Naturraumgliederung des Harzes

de, teils von Flüssen zerschnittene Hochebenen aufweist. Man gliedert den Harz deshalb in den Ober- und den Unterharz. Außerdem sind die Bezeichnungen Mittlerer Harz und Hochharz für den Bereich des weiteren Brockengebietes (über 700 m) sowie Östliche Harzabdachung für die flachauslaufende Region bis zum Mansfelder Land hin verbreitet.

Schon lange bevor der erste Mensch seinen womöglich fellumwickelten Fuß auf Harzer Moospolster setzte, hausten hier gewaltige Riesen, winzige Zwerge, der leibhaftige Teufel mit seiner Großmutter Frau Holle, der Bergmönch, der wilde Jäger Hackelberg mit seiner Schar sowie viele andere Sagengestalten, die man noch heute mit etwas Phantasie und bei entsprechendem Wetter in den heimlichen Winkeln des Harzes finden kann.

Natur - das Zauberwort, das heute Geister scheidet, ist nicht nur ein Wort, sondern Lebensquell. Im Harz, insbesondere im Brockengebiet, gibt es viele verschiedene Pflanzen und Tiere, darunter auch zahlreiche vom Aussterben bedrohte Arten. Die Brockenanemone, Alpenbärlapp, Teufelsklaue oder Trollblume sind ebenso anzutreffen, wie der großblütige Fingerhut, das echte Federgras oder das Adonisröschen. Der stolze Wanderfalke und die Großtrappe, Fischreiher, Blindschleiche, Igel, Eidechse, Feuersalamander, Unke, Hirschkäfer und auch viele Spitzmausarten stehen ebenso unter Naturschutz wie die Fledermäuse, die Haselmaus und andere Tierarten des Harzes.

Das seit 1906 hier angesiedelte Muffelwild fühlt sich längst heimisch und hat eine eigene stabile Population entwickelt. Der Harzer Bestand zählt heute zu den bedeutendsten Vorkommen in Deutschland. Außerdem leben in den Wäldern des Harzes Rot- und Damwild, Rehe, Schwarzkittel und sogar die scheue Wildkatze. Auch das seltene Auerwild ist im strauchreichen Laubwald zu finden. Mit in

Gefangenschaft gezüchteten Vertretern dieser imposanten Hühnervögel laufen seit einiger Zeit mehr oder weniger erfolgreiche Eingliederungsversuche in die freie Wildbahn. Den schillernd bunten Eisvogel und die Wasseramsel findet man an den klaren Gebirgsbächen.
Im Harz herrscht ein mildes Reizklima vor, das vor allem auf die besondere geographische Lage des freiliegenden Mittelgebirges zurückzuführen ist. Der Harz zwingt die vorwiegend aus West und Südwest herbeiziehenden Luftmassen zum Aufsteigen. In den höheren Luftschichten kühlen sich diese ab und trennen sich in einem Kondensprozeß von ihrer Feuchtigkeit. Das Ergebnis sind häufige Regenfälle im Westharz und im Bereich des Brockenmassivs. Der Ostharz dagegen liegt weitgehend im Regenschatten des Hochharzes. Die Meteorologen sprechen von atlantisch und kontinental gefärbten Klimaeinflüssen. Die Witterung zeigt sich lokal oft sehr unterschiedlich. So können beispielsweise die Täler in kühler und nebeliger Luft liegen, während auf den Bergen wärmere Luftschichten und bräunende Sonne vorherrschen.

Nationalparks Hochharz und Harz

Nach rasanter Vorbereitungszeit von knapp einem Jahr beschloß der Ministerrat der DDR in seiner letzten Sitzung am 12. September 1990 die Nationalparkverordnung, die bereits am 1. Oktober in Kraft trat. Damit entstanden auf dem Gebiet der neuen Bundesländer noch vor der deutschen Wiedervereinigung fünf Nationalparke, darunter der Nationalpark Hochharz. Ferner erklärte man den übrigen Ostharz zum Naturpark. Die schon in den fünfziger Jahren bestandenen Vorschläge zur Bildung von Nationalparks in der DDR wurden damals rigoros abgelehnt. Obwohl in der ehemaligen BRD durchaus die Möglichkeit bestand, Nationalparks festzuschreiben, ging man hier auch sehr zögerlich damit um. Der erste entstand 1970 im Bayerischen Wald, Berchtesgaden folgte 1978, und die Wattenmeere erhielten den Status in den späten 80er Jahren. Seit 1994 gehört nun auch der „Harz“ zur deutschen Nationalparkfamilie. So bestehen in dem kleinen Mittelgebirge gleich zwei Nationalparks mit einer Gesamtfläche von etwa 220 km². Das entspricht etwa zehn Prozent des ganzen Harzes. Die geschützte Region stellt einen vollständigen Ausschnitt der montanen, hochmontanen und subalpinen Vegetationsstufen dieses Mittelgebirges dar mit sämtlichen Höhen-

Die Nationalparkgrenzen

stufen und allen Biotop-Typen, die seit altersher zur Harzer Landschaft gehören. Ziel beider Parks ist es, die Eigendynamik der Natur wieder zuzulassen. Um dahin zu kommen, sind die Parks in verschiedene Zonen eingeteilt. Im „Hochharz“ bestehen die Kernzone (streng geschützter einzigartiger Urwald zwischen Brocken und Hohneklippen mit großflächigem Betretungsverbot sowie ohne Forstbewirtschaftung) und die Entwicklungs- und Sanierungszone (gezielte Renaturierung mit forstwirtschaftlichen Mitteln). Im „Harz“ findet man ähnliche Zonen (Ia ohne Eingriff, Ib Erstinstandsetzungsarbeiten über maximal zehn Jahre, II allmähliche Renaturierung), die dazu dienen, die Natur heute schon zu schützen und die bereits kultivierten Bereiche in den Urzustand zurückzuversetzen.

Das Oberharzer Wasserregal

Als Regal wurde früher das Königsrecht bezeichnet. Dieses Recht, auf einem bestimmten Abschnitt eines Erzganges Bergbau zu betreiben, erteilte die Landesherrschaft. Mit dem Regal verbunden war außerdem das Recht, das Wasser für den Bergbaubetrieb zu nutzen. Es wurde also das „Wasserregal“ verliehen. Heute vereint der Begriff „Oberharzer Wasserregal“ vor allem die mit diesem Recht verbundenen körperlichen Hinterlassenschaften.
In dem niederschlagsreichen Oberharz hatten die Bergleu-

te immer stärker mit den Wassermengen zu kämpfen, das die Gruben füllte und verhinderte, das tiefergelegene Erz abzubauen. Deshalb begann man schon im 13. Jahrhundert mit dem Bau von Wasserlösungsstollen. Diese halfen jedoch nur bis zu einer gewissen Tiefe. Dann mußten neue Lösungen gefunden werden. Man nutzte die Energie des reichlich vorhandenen stürzenden Oberflächenwassers, wandelte sie über Wasserräder um und betrieb Maschinen damit. Gleichzeitig nutzte man die Wasserkraft auch direkt zum Fördern sowie zum Zerkleinern der Erzbrocken in den Pochwerken. Um über die Energiequelle jederzeit verfügen zu können, legte man in der Vergangenheit insgesamt 100 Teiche und Gräben mit einer Gesamtlänge von 500 Kilometern an, teils mit Hammer und Schlägel, später unter Verwendung von Sprengpulver.
Heute steht das Oberharzer Wasserregal unter Denkmalschutz. Um die Anlagen weiter in dem bisherigen Zustand zu erhalten, sollte man beim Wandern folgendes beachten:
- Gräben, Wasserläufe und Teiche dürfen nicht beschädigt werden.
- Das Herausbrechen von Steinen aus dem Trockenmauerwerk führt zur Zerstörung der Gräben.
- Betätigen Sie nicht die sogenannten „Fehlschläge" (hölzerne Entlastungseinrichtungen), und entfernen Sie nicht die vorhandenen Bretter.
- Betreten Sie nicht die Wasserläufe, und werfen Sie keine Gegenstände in die Ausfluten.

Über die Harzer Wanderwege

„Der Harzklub bezweckt Belebung, Unterstützung und Schutz der Wanderlust im Harzgebirge", hieß es bereits in der ersten Satzung des Harzklubs im Jahre 1886. So war der Harzklub bemüht, durch das Anlegen von Wanderwegen und deren Kennzeichnung den Harz für Wanderer zu erschließen und die Wegeschilder und Markierungen so zu wählen und anzubringen, daß sie den Wanderer auf verständliche und einprägsame Weise zu den jeweiligen Zielen und Sehenswürdigkeiten bringen. Sehr früh begann man auch damit, ein einheitliches System der Wegebezeichnung durchzusetzen.
Die Wege werden unterteilt in:

Fern- und Hauptwanderwege
Zielwanderwege
Rundwanderwege

Harzer Wanderwege

Alle vom Harzklub angebrachten Wege- und Hinweisschilder sowie Erläuterungstafeln tragen das Symbol des Harzklubs, die grüne Tanne. Die **Wegeschilder** an Kreuzungen und Gabelungen zeigen mit Kilometerangabe und Pfeil das nächste Wanderziel an. Neben den verbalen Hinweisschildern verwendet der Klub noch **Markierungen mit verschiedenen Zeichen und Farben**, die meist an Bäumen zu finden sind. Diese Symbole dienen der Orientierung auf den Wanderwegen zwischen den einzelnen Wegeschildern. Außerdem helfen sie, die einzelnen Wege zu unterscheiden. Dabei kommt es allerdings vor, daß die gleichen Zeichen in mehreren Gegenden auftauchen. So führt beispielsweise das blaue Dreieck von Thale durchs Bodetal nach Treseburg, aber gleichzeitig auch von Allrode nach Altenbrak. Die Rundwanderwege sind gesondert gekennzeichnet. In einem Kreis (blau, gelb und rot) befindet sich ein Dreieck mit einer Zahl. Die Farben geben die Zeit an, die für die angegebene Strecke benötigt wird (blau=eine Stunde, gelb=zwei Stunden, rot=drei Stunden).
Wegenumerierung: Jeder Wanderweg erster Ordnung (Haupt- und Fernwanderwege) ist mit einer Nummer ge-

kennzeichnet und in mehrere Abschnitte unterteilt, die ihrerseits mit Versalbuchstaben unterschieden werden. So hat beispielsweise der Harzklub-Wanderweg Nordhausen - Wernigerode die Nummer 39 und der Abschnitt Elbingerode - Wernigerode den Buchstaben G. Mit Hilfe einer Tabelle, die beispielsweise auf der Wanderkarte Der Harz mit Kyffhäuser (Schmidt-Buch-Verlag; ISBN 3-928977-49-0) zu finden ist, läßt sich die Streckenlänge des jeweiligen Abschnittes ermitteln.

Tips zum Verhalten im Wald

Die Natur ist Existenzgrundlage für den Menschen, auch wenn dessen Lebensweise immer mehr durch Technik geprägt ist. Der Drang nach Aufenthalt in einer möglichst intakten Natur wächst in dem Maße, wie sich der Mensch im Alltag von ihr entfernt. Damit die Natur durch den wachsenden Massentourismus keinen Schaden nimmt, sind Verantwortungsgefühl und Verständnis gefragt.

Hier einige Empfehlungen und Hinweise:

- Fühlen Sie sich wohl in der Natur. Lassen Sie sich von ihr verwöhnen und genießen Sie ihre unvergleichlichen Gaben, aber respektieren Sie auch deren Lebensräume sowie -bedingungen.
- Ihr PKW gehört nicht auf die Forststraßen. Denken Sie daran, daß Sie sich bewegen und genau wie der Wald saubere Luft atmen wollen.
- Benutzen Sie stets die Wege, und verzichten Sie auf einen Querwaldeinlauf. Zahlreiche Wanderwege führen an die schönsten Punkte des Harzes. So schonen Sie Pflanzen und Tiere.
- Picknick im Walde ist ein schönes Erlebnis, doch denken Sie daran, allen Wohlstandsmüll auch wieder mitzunehmen. Der Wald kann am wenigsten damit anfangen.
- Große Teile des Harzwaldes sind vom Waldsterben bedroht bzw. schon davon betroffen. Um diesen Zustand nicht noch zu begünstigen, rauchen Sie nicht im Wald und grillen Sie nur an den hierfür vorgesehenen Plätzen.
- Lassen Sie Blumen, Gräser und Kräuter dort wachsen, wo sie die Natur angesiedelt hat.

Genießen Sie den Wald in seiner ganzen Vielfalt. Ungetrübten Genuß und Freude an den Schönheiten der Natur können Sie nur erleben, wenn Sie diese Hinweise beachten und sich rücksichtsvoll gegenüber der gestreßten Natur verhalten.

Sachregister

Ortsregister

Weitere Titel aus dieser Reihe:

Groß/Herlitze/Schmidt

Der Harz

Ein praktischer Reiseführer durch Deutschlands nördlichstes Mittelgebirge

ISBN 3-928977-48-2 (DM 19.80)

Wolfgang Hoffmann

Luther

Ein praktischer Reiseführer zu den bedeutendsten Wirkungsstätten des Reformators in Deutschland

deutsche Ausgabe:

ISBN 3-928977-33-4 (DM 29.80)

englische Ausgabe:

ISBN 3-928977-41-5 (DM 29.80)

Loke/Ringel/Smolka/Metzner

Wo Könige und Dichter tafelten...

Der Reiseführer für Geist und Gaumen von Rügen bis zum Erzgebirge

ISBN 3-928977-61-X (DM 29.80)

Marion Schmidt

Auf der Straße der Romanik

Ein praktischer Reiseführer entlang der Straße der Romanik in Sachsen-Anhalt

ISBN 3-928977-20-2 (DM 19.80)

Thorsten Schmidt

Links und rechts der Straße der Romanik

Ein praktischer Reiseführer zu weiteren romanischen Baudenkmälern in Mitteldeutschland

ISBN 3-928977-24-5 (DM 16.80)

Helga Neumann

Romanik in Sachsen-Anhalt und Niedersachsen

Eine geschichtliche Einführung

ISBN 3-928977-32-6 (DM 3.60)

M. Schmidt/Th. Schmidt/H. Neumann

Romanik in Mitteldeutschland

Die Reiseführer-Kassette

(vereint die 3 vorgenannten Romanik-Bände in einem bezogenen Schmuckschuber)

ISBN 3-928977-29-6 (DM 39.00)

Kartographie

Wanderkarten:

Der Harz mit Kyffhäuser

Große Wander- und Autokarte
Maßstab 1 : 50 000; Hrsg. Harzklub e.V.
ISBN 3-928977-49-0 (DM 10.80)

Der Harz

Wintersportkarte
Maßstab 1 : 50 000; Hrsg. Harzer Loipenverbund e.V.
ISBN 3-928977-52-0 (DM 10.80)

Wanderkarte mit Reiseführer

KartoGuide Der Harz

Freizeitkarte Harz mit Kyffhäuser
Maßstab 1 : 50 000
Reiseführer
48 S., Br., 3 Farbfotos
ISBN 3-928977-63-6 (DM 12.80)

KartoGuide Der Winter-Harz

Freizeitkarte Harz
Maßstab 1 : 50 000; Hrsg. Harzer Loipenverbund e.V.
Reiseführer
48 S., Br., zahlreiche Abb.
ISBN 3-928977-82-2 (DM 12.80)

Freizeitkarten:

Der mittlere Harz

Freizeitkarte Landkreis Wernigerode
Maßstab 1 : 37 500
ISBN 3-928977-56-3 (DM 7.80)

Das Brockengebiet

Freizeitkarte mit Panoramablick und Brockenuhr
Maßstab 1 : 30 000
ISBN 3-928977-62-8 (DM 7.80)

Der Oberharz

Freizeitkarte
Maßstab 1 : 25 000
ISBN 3-928977-73-3 (DM 6.80)

Stadtpläne:

Wernigerode ISBN 3-928977-28-8 (DM 4.90)
Goslar ISBN 3-928977-58-X (DM 4.90)
Quedlinburg ISBN 3-928977-57-1 (DM 4.90)
jeweils mit separatem Cityplan und vielen Informationen zu Sehenswürdigkeiten